青少年综合素质培养课

青少年

品质

培养课

磨难

杜兴东　编著

全球经典的品质培养成长书系之一

你的人生第一课

北京出版集团
北京出版社

图书在版编目（CIP）数据

青少年品质培养课．磨难／杜兴东编著．— 北京：
北京出版社，2014.1
（青少年综合素质培养课）
ISBN 978 - 7 - 200 - 10278 - 9

Ⅰ．①青… Ⅱ．①杜… Ⅲ．①青少年教育—品德教育
Ⅳ．①D432.62

中国版本图书馆 CIP 数据核字（2013）第 282801 号

青少年综合素质培养课
青少年品质培养课　磨难
QING-SHAONIAN PINZHI PEIYANGKE　MONAN
杜兴东　编著
*
北 京 出 版 集 团
　　　　　　　　　　　出版
北 京 出 版 社
（北京北三环中路 6 号）
邮政编码：100120
网　　址：www．bph．com．cn
北 京 出 版 集 团 总 发 行
新 华 书 店 经 销
三河市同力彩印有限公司印刷
*
787 毫米×1092 毫米　16 开本　12 印张　170 千字
2014 年 1 月第 1 版　2023 年 2 月第 4 次印刷
ISBN 978 - 7 - 200 - 10278 - 9
定价：32.00 元
如有印装质量问题，由本社负责调换
质量监督电话：010 - 58572393
责任编辑电话：010 - 58572775

前 言

生命是一次次的蜕变过程。唯有经历各种各样的磨难，才能拓展生命的厚度。通过一次又一次与各种磨难握手，历经反反复复几个回合的较量，人生的阅历就在这个过程中日积月累、不断丰富。

不可否认，在这个过程中，磨难的确能给我们带来福祉，尽管谁也不喜欢以各种姿态出现的磨难，但是磨难却经常让我们因祸得福。

在亚拉巴马恩特普赖斯，竖立着一座奇怪的纪念碑，说它奇怪，因为这是专门用来纪念一种昆虫的标志性建筑，在世界上也许我们很难再找到第二座这样的雕塑。这座纪念碑之所以闻名，并不是因为它的艺术价值，相反，这座雕塑很丑陋，因为雕塑的原型——棉铃象鼻虫本身就很丑陋。那到底是什么原因让当地人为棉铃象鼻虫立碑呢。原因只有一个，那就是棉铃象鼻虫对当地棉花的破坏力。

原来，这里的农民世代以种植棉花为主业，而当地为数不多的工商业也完全依靠棉农手里的棉花，这样一种单一的种植模式直接导致了不健康甚至有些畸形的地方经济。但是没有人意识到这些，直到出现了棉铃象鼻虫这种对棉花极具破坏力的昆虫，棉农和工商业者终于摒弃了对棉花的依赖，转而开始养猪、养牛、种植花生和其他经济作物，整个地区的经济也因此迅速繁荣起来。

人们为了感谢棉铃象鼻虫的"贡献"，特为之立碑以纪念。

亚拉巴马恩特普赖斯的农民们与其说是纪念这次灾难，不如说是在纪念因灾难而带来的巨大福祉。当然，这些当地人也是值得钦佩的，他们能把磨难当作改变自己、改变命运的机遇。

其实，很多时候，磨难就意味着问题和麻烦，它促使我们想方设法去克服和解除这些问题和麻烦，而这个过程，就是一个提高自己和突破自己的过程。

人生其实没有弯路，每一步都是必须。所谓失败、挫折并不可怕，正是它们才教会我们如何寻找到经验与教训。如果一路都是坦途，我们只会沦为平庸。

没有经历过风霜雨雪的花朵，无论如何也结不出丰硕的果实。或许我们习惯羡慕他人的成功，习惯听他人得到的掌声，但是别忘了，温室的花朵注定要失败。正所谓"台上十分钟，台下十年功"，在他们光荣的背后一定有汗水与泪水共同浇铸的艰辛。

在人生的岔道口，若你选择了一条平坦的大道，你可能会有一个舒适而享乐的青春，但你就会失去一个很好的历练机会；若你选择了坎坷的小路，你的青春也许会充满痛苦，但人生的真谛也许就此被你打开。

所以，一个成功的人，一个有眼光和思想的人，都要学会感谢磨难，因为他们懂得，每一次磨难的体验，都是在为自己的未来聚集福祉。

目　录

第一章

磨难是生活给予你的意外奖赏

每个问题中都隐藏着一个机会

不要把问题单纯地看成一个问题，事实上，每一个问题后面都蕴藏着一个机遇，只要你善于发现，完全从问题上站起来，就会找到成就自己的新的时机。

家喻户晓的出生于西班牙的歌手胡里奥·伊格莱西亚斯，演绎的经典名曲涉及各个国家的语言，包括葡萄牙语、法语、英语、意大利语等，他的专辑数量很多，唱片的销量也高居榜首。这个拥有辉煌成绩的歌星，从小的梦想却是成为皇家马德里队里一位出色的守门员。谁也没想到是一份礼物让他走上了音乐之路。一场突如其来的车祸使他躺在了病床上。虽然免于全身瘫痪，但是他已经不能做剧烈的运动。不能做自己心爱的守门员职业，让胡里奥·伊格莱西亚斯伤心不已。在他消极地复健时，一位医生助理送给他一把吉他，从此命运之神开始降临了。

胡里奥把弹吉他作为复健的一种手段，在复健中，不断灵活的手指和优美动听的音乐，让胡里奥开始重新设想自己的人生，重新让自己的生命二次起航。他参加歌手大赛，获得好成绩。音乐成为了他的第二生命，他开始了音乐上的创作生涯。一首原创歌曲"LavidaSigueigual"，在一场西班牙的歌曲大赛中获得第一名。他的音乐才能得到了唱片制作人的注意，投资于胡里奥，陆续地退出了拉丁语系列作品的专辑。胡立奥的歌声受到了群众的喜爱与肯定，在此后参加欧洲歌唱大赛时也获得了第一名的好成绩。在欧洲参加歌唱比赛的经历开阔了胡里奥的视野，同时也增加了他在全球范围的知名度。他的歌曲不仅出现在欧洲，在东方国家中的歌曲排行榜中也是榜上有名且名列前茅。他被人们追捧创造出了有目共睹的奇迹，胡里奥是多语言唱片销售最多的纪录保持者，他的音乐魅力已经超越了国界的限制。

运动健将梦想的破灭并没有毁灭胡立奥，车祸以后他用心歌唱，用音乐治愈了车祸带来的心灵创伤，也开启了人生另一段奇妙的旅程。胡里奥这个原本灰心丧气的男人又重新拥有了另一个伟大的梦想。

　　人生是一个筑梦的过程，我们拥有一个梦想，实现一个梦想，或者因为某种原因放弃梦想。但是人不能因为丢失了梦想而放弃人生的希望。假若你此时失去了梦想，那么就用新的梦想来取代原来的梦想吧。太阳每天落下，第二日照常升起，梦想也是常更常新。人生里的悲哀不是失去了梦想和目标，而是你没有其他可以去追寻的梦。

逆境到了极点就会向顺境转化

四时有更替，季节有轮回，严冬过后必是暖春，这符合大自然的发展规律。在我们人类眼中，事物的发展似乎也遵循着这一条规律。否极泰来、苦尽甘来、时来运转等成语无不反映了人们的一种美好愿望：逆境达到极点就会向顺境转化，坏运到了尽头好运就会来到。所以，我们坚信，没有一个冬天不可逾越，没有一个春天不会来临。这是对生活的信心，也是对生活的希望，有了信心与希望，无论事情再怎么糟糕，我们也会有面对现实的勇气和决心。

约翰是一个汽车推销商的儿子，是一个典型的美国孩子。他活泼、健康，热衷于篮球、网球、垒球等运动，是中学里一个众所周知的优秀学生。后来约翰应征入伍，在一次军事行动中他所在部队被派遣驻守一个山头。激战中，突然一颗炸弹飞入他们的阵地，眼看即将爆炸，他果断地扑向炸弹，试图将它扔开。炸弹却在这时爆炸了，他被重重地炸倒在地上，当他向后看时，发现自己的右腿右手全部炸掉了，左腿变得血肉模糊，也必须截掉了。一瞬间他想哭，却哭不出来，因为弹片穿过了他的喉咙。人们都以为约翰再也不能生还，他却奇迹般地活了下来。

是什么力量使他活了下来？是格言的力量。在生命垂危的时候，他反复诵读贤人先哲的这句格言："如果你懂得苦难磨炼出坚韧，坚韧孕育出骨气，骨气萌发不懈的希望，那么苦难会最终给你带来幸福。"约翰一次又一次默念着这段话，心中始终保持着不灭的希望。然而，对于一个三截肢（双腿、右臂）的年轻人来说，这个打击实在太大了！在深深的绝望中，他又看到了一句先哲格言："当你被命运击倒在最底层之后，再能高高跃起就是成功。"

回国后，他从事了政治活动。他先在州议会中工作了两届。然后，他竞选副州长失败。这又是一次沉重的打击。但他用这样一句格言鼓励自己："经验不等于经历，经验是一个人经过经历所获得的感受。"这指导他更自觉地去尝试。紧接着，他学会驾驶一辆特制的汽车并跑遍全国，发动了一场支持退伍军人的事业。那一年，总统命他担任全国复员军人委员会负责人，那时他 34 岁，是在这个机构中担任此职务最年轻的一个人。约翰卸任后，回到自己的家乡。1982 年，他被选为州议会部长，1986 年再次当选。

后来，约翰成为亚特兰城一个传奇式人物。人们可以经常在篮球场上看到他摇着轮椅打篮球。他经常邀请年轻人与他进行投篮比赛。他曾经用左手一连投进了 18 个空心篮。

引用一句格言："你必须知道，人们是以你自己看待自己的方式来看你的。你对自己自怜，人家则会报以怜悯；你充满自信，人们会待以敬畏；你自暴自弃，多数人就会嗤之以鼻。"一个只剩一条手臂的人能成为一名议会部长，能被总统赏识担任一个全国机构的要职，是这些格言给了他力量。同时，他的成功也成了这些格言的有力佐证。

天无绝人之路，生活有难题，同时也会给予我们解决问题的能力与方法。约翰之所以能够生存下来并创造事业的辉煌，是因为他坚信人生没有过不去的坎儿，坚信冬天之后春天会来临。他在困难面前没有低头，昂首挺进，直至迎来了生命的春天。

生活并非总是艳阳高照，狂风暴雨随时都有可能来临。但是每一个人都需要将自己重新打理一下，以一种勇敢的人生姿态去迎接命运的挑战。请记住，冬天总会过去，春天总会来到，太阳也总要出来的。度过寒冬，我们一定会生活得更好。

打碎的镜子中也藏着机会

镜子碎了，你还有机会吗？很多人也许就此悲观失落下去，一蹶不振，破碎的镜子也成了一堆废品，再无利用的价值。其实，镜子碎了，也隐藏着机会，关键在于你能不能利用好这个机会，化腐朽为神奇。也就是说，危机有时就是奇迹的开端，因此，遇到危机时，不要太慌乱，也不能气馁。

很久以前，伊朗（当时叫波斯）的沙阿国王很想按照法国模式建一个宫殿，其中要造一个镜子大厅，像凡尔赛宫中在壁上嵌满镜子的大厅一样。

当装满镜子的箱子运到时，建筑师亲手打开了第一个箱子，发现那些非常高大的大镜子全打碎了；他又打开第二只箱子，也是碎的；第三只，第四只……所有箱子里的玻璃镜都碎掉了！沙阿国王的愿望似乎实现不了了。

看到这种情况，建筑师起先也感到绝望。他思索了再思索，想尽一切可能弥补的方法，似乎一切都不可能。突然，他灵机一动，破碎的镜子也有再利用的价值的。他振作起来，拿起锤子把所有的镜子都敲碎成一个个小小的碎片，这样就可以连柱子也嵌上玻璃镜子了。当宫殿完工后，这个镜子大厅甚至比凡尔赛宫更漂亮，沙阿国王高兴极了。

别为打碎的镜子哭泣，逆境有的时候也会变成机会，须知"山重水复疑无路，柳暗花明又一村"，看似绝路的逆境，说不定一个转身，我们就能发现通往希望的一线生机，主要在于我们有没有强大的意志经受住多次失望的打击，有没有发现生机的眼睛。

西方有一种说法，上帝关上了一扇门，定会为你再打开下一扇窗户。当门被关上的那瞬间，孤立无援、失望无助的心情会充斥我们的心，这是正常的。有些人或许会因此崩溃，有些人或许会怨天尤人，控诉上帝为何如此不公，怨恨命运为何如此捉弄人，有些人或许在悲伤过后，背上行囊，收拾心情，主动寻找那扇小窗。是的，我们并不是没有出路的啊，上帝还为我们留了一扇窗户，虽然它不大，不显眼，需要有心的人们细心地寻找，但是逆境只是暂时的，它只是人生的一段插曲，它可以在我们的坚强意志下，演奏成一段惊心动魄，余音绕梁的乐章，它或许会演变成我们人生最珍贵的一次经历。我们何不借此机会，勇敢地在逆境中站起来，化悲伤为动力，寻找人生的另一种境遇呢？

普希金处于被沙皇流放的日子里，眼看着国内战火纷飞，自己却与世隔绝，无法投身于革命中，但他并没有自怨自艾，沉溺在逆境中找不到生活的方向，也没有丧失生活的斗志和信心，还写出来《假如生活欺骗了你》一诗与世人同勉：

假如生活欺骗了你，不要忧伤，不要心急，忧郁的日子里需要镇静：相信吧，快乐的日子将会来临。

心儿永远向往着未来，现在却常是忧郁。一切都是瞬息，一切都将会过去，而那过去了的，就会成为亲切的怀念。

他乐观、积极向上的态度鼓励着他的族人，用文学这另一种形式参与革命，上帝关上了他亲自上战场投身革命的门，却为他留下用手中这支笔进行斗争的窗。

人生在世，谁能不经历挫折，谁没有陷入逆境，谁没有错失机会，我们不能保证一生都走平坦大道，但我们有把曲折小道走成平坦大路的勇气。

镜子碎了，无法如愿用大镜子建成镜子大厅，原定通往目标的坦途出现了坎坷，但我们不能总是抱着一堆镜子碎片哭泣，而不寻求解决的方法，正如我们身处逆境之时，要思考的是怎么扭转这种不利的时势格局，而不是在痛苦悲伤中耗尽自己的能量。那我们该如何在逆境中学会扭转这种不利的格局呢？我们要学会审时度势，并且因势利导，在把握了时势环境后蓄势待发，逆境而动，最终扭转时势。人生之路，总是在人与环境的相生相斥的过程中不断前进，相生则为顺境，相斥则为逆境。真正的强者，是居安思危，在顺境中发现阴影，是永不放弃，在逆境中发现光亮。不因幸运而故步自封，不因厄运而一蹶不振。

须知道，逆境是绝对的，顺境是相对的。别跟自己过不去，在逆境中微笑一下，打碎的镜子中也藏着机会。

逆境不是幸福的障碍，反而能承载更多幸福

幸福就一定是要顺顺利利的吗？一帆风顺的人生才可能幸福吗？不可否认，顺境是容易产生幸福的，这种情形下的幸福来得顺其自然。而逆境就一定是通向幸福的障碍吗？事实上，顺境、逆境与幸福的关联性并不是这么的绝对，顺境不一定绝对幸福，而逆境也不一定是通向幸福的障碍。

因为有一个人在逆境中也体会到了幸福，获得了成功，她就是海伦·凯勒。

海伦出生时便是聋、哑、盲者，她被剥夺了同她周围的人进行正常交际的能力，只有她的触觉能帮助她把手伸向别人，体验爱别人和为他人所爱的幸福。

从生理上来说，她是不幸的，但是，由于一位虔诚而伟大的教师向海伦伸出了友爱之手，这位既聋，又哑，又盲的小姑娘终于成了一个欢乐、幸福和成绩卓越的妇女。海伦·凯勒曾经写道："任何人出于他的善良的心，说一句有益的话，发出一次愉快的笑，或者为别人铲平粗糙不平的路，这样的人就会感到欢欣是他自身极其亲密的一部分，以至使他终身去追求这种欢欣。"

分享能使人幸福，那是心理上的快慰，是幸福的根源。海伦·凯勒正是同别人分享了优良而称心的东西，从而使自己得到更大的快慰。你分享给别人的东西越多，你获得的东西就越多。你把幸福分给别人，你的幸福就会扩散开来，变得越来越多。

同样道理，如果你把苦难和不幸分摊给别人，你得到的就只能是苦难和不幸。在生活中，只要我们仔细观察就会发现有这样的一些人，有时候也包括我们自己，总是时不时地有烦恼，遇到一些事情就烦躁，不论发生了什么事情都是不称心如意的。往往自己一个人郁闷也就罢了，还把这样的烦恼情绪分摊给别人。环境是很容易造就人的，日积月累的坏情绪导致一群人都不幸福。

在这个世界上有很多人因为种种原因而孤独，他们渴望爱和友谊，但似乎总得不到他们想要的。有些人因此变得消极，不再追求寻找，用排斥心态对待他们所寻找的东西。而另一些人蜷缩在自己的小天地里，独来独往，不敢与人交流。

他们都生活在幻想中，想着总有一天，好运会来临，幸福会来临，而当这些来临的时候，他们只会默默收藏，绝不会把它们与别人分享。他们不懂得，分享会使好运越来越多，而藏着窝着的结果只会让那些东西减少。

然而，还有一些孤独的人却有勇气去做一些事，以克服他们的孤独。他们将良好而称心的东西分给别人，同时也找到了克服孤独的答案。

查理·斯坦梅兹是一个孤独不幸的儿童，他出生时，脊柱拱起，呈怪异的驼峰状，而且他的左腿蜷曲。医生望着这个男孩，对他的父亲确信地说："他会完全好的。"男孩的父亲对此很是内疚，因为他们的家庭很穷。在查理不满 1 岁的时候，他的母亲过世了。查理的生活变得更加可怜，他长大一些时，因为身体的残疾，别的孩子都避开他，不跟他一起玩，而且他也无法令人满意地参加孩子们的活动。

但是上天是公平的，它并没有忽视查理，为了补偿他身体的畸形，他被赋予了非凡的敏锐和聪慧。查理 5 岁时能做拉丁语动词变位，7 岁时学习了希腊语，并懂得了一些希伯来语，8 岁时就精通了代数和几何。在大学里，查理的每门功课都胜人一筹，事实上，他毕业时应是十分荣耀的，他用储蓄的钱租用了一套衣服，准备参加毕业典礼的盛会。

可就在这个时候，这所大学的当局在布告栏里贴了一个通告，免除查理参加毕业典礼。大学里的领导也许是好心，但是就因为这件事情促使查理不再努力使人们注意到他的学习能力，他有了一个更长远的打算，他决定努力培养同大家的友谊，为他人、为社会做出更多的贡献，成为他人的榜样，为了实践他的理想，他来到了美国。

在美国，查理四处寻找工作。但是由于其貌不扬，他多次受到了冷遇。最后他终于在通用电气公司谋到了一份工作，当绘图员，周薪

12 美元。在公司里，他除去完成规定的工作外，还花费很多时间研究电气，除此之外，他还努力地培养和同事之间的友谊。

　　查理的积极生活、乐观努力，让周围的同事刮目相看，纷纷与他友好相处，查理也因此收获了很多友谊。查理从出生时就身处逆境，但他积极生活，工作努力，成绩显著。他一生获得了200多种电气发明的专利权，写了许多关于电气理论和工程的书籍和论文，为社会做出了很多贡献。他的乐于奉献、乐于分享使得这个世界成为更值得自己生活的更好世界。他积累财富，买了一所房子，生活和工作都很满足，幸福的生活也由此而来。

　　看了海伦·凯勒和查理·斯坦梅兹的故事，你还觉得逆境是通向幸福的障碍吗？只要心怀美好，心态积极向上，逆境反而能承载更多的幸福。

创伤带来彻底改变人生的机遇

没有人喜欢创伤，因为创伤的本质包含着痛苦。事实上，即便是有创伤，我们的创伤依然能愈合，我们的未来依然有希望。

顶尖的心理学家证明：创伤能带来彻底改变人生的独特机遇，即人类所受到的创伤会带来更好的机会。恰如很多心理学家说的那样：创伤一方面包含着痛苦；另一方面，它能带给人们崭新的成长机遇。

的确如此，比方说当一个人经历了疾病，特别是当他触摸到了死亡的边缘，而后又重新站立之后，他要比一般人更能体会到生命的价值与意义；当一个人遭遇过严重意外，那么在未来他就会变得更加小心翼翼；遭受过自然灾害创伤的人们，他们在未来会更懂得感激生活……

心理学家研究发现，遭受过严重意外、致命的疾病、严重的攻击，甚至是自然灾害等创伤的人们，至少经历以下几种情况中的一种，会让他们产生正面的改变。

1. 人际关系更加和谐

经历了创伤之后，不管是受创者还是其家人、朋友一般都会更加明白人与人之间"情"的可贵，受创者与其家人、朋友等之间相较以前更容易建立起紧密的关系。他们会意识到自己的生活质量与人际关系息息相关。因此，他们会花更多的时间来建立和发展良好的人际关系。另外，他们会给予遭遇同样创伤或挫折的人更多关怀和同情，这样在自己的周围自然能够形成一个和谐的气场圈。

2. 个人的力量不断提升

受过创伤并有幸存活下来的人，通常会在以后的生活中变得更加自强、自主，他们会以更加乐观自信的态度去面对生活中的一切困难。当然，相反的情况也存在，即创伤可能完全毁掉一个人的信念与自信。

3. 更懂得感激

伴随着创伤，人们会失去某些东西，且很多东西一旦失去之后，人们方知珍贵，于是，人们对于那些还留在身边的人或者事才幡然觉醒：原来，他们才是自己最在乎的。受创者常会感激自己活下来，在别人眼里完全被忽略的人或者事，在他们眼里就是上天赐给自己的惊喜，受创者反而会更加珍惜。

4. 拥有新的人生信念

如果一个人在 46 岁的时候，因意外事故被烧得不成人形，4 年后又在一次坠机事故后腰部以下全部瘫痪，他会怎么办？再后来，你能想象他变成百万富翁、受人爱戴的公共演说家、扬扬得意的新郎官及成功的企业家吗？你能想象他去泛舟、玩跳伞，在政坛角逐一席之地吗？

米契尔全做到了，甚至有过之而无不及。

在经历了两次可怕的意外事故后，他的脸因植皮而变成一块"彩色板"，手指没有了，双腿如此细小，无法行动，只能瘫痪在轮椅上。

意外事故把他身上 65% 以上的皮肤都烧坏了，为此他动了 16 次手术。手术后，他无法拿起叉子，无法拨电话，也无法一个人上厕所。但以前曾是海军陆战队员的米契尔从不认为他被打败了，他说："我完全可以掌握我自己的人生之船，我可以选择把目前的状况看成倒退或是一个起点。"6 个月之后，他又能开飞机了！

米契尔为自己在科罗拉多州买了一幢维多利亚式的房子，另外也买了一架飞机及一家酒吧。后来他和两个朋友合资开了一家公司，专门生产以木材为燃料的炉子，这家公司后来变成佛蒙特州第二大的私人公司。坠机意外发生后 4 年，米契尔所开的飞机在起飞时又摔回跑道，把他胸部的 12 块脊椎骨全压得粉碎，腰部以下永远瘫痪！"我不解的是为何这些事老是发生在我身上，我到底是造了什么孽，要遭到这样的报应？"

但米契尔仍不屈不挠，日夜努力，以使自己能达到最高限度的独立自主。他被选为科罗拉多州孤峰顶镇的镇长，以保护小镇的美景及环境，使之不因矿产的开采而遭受破坏。米契尔后来也竞选国会议员，他用一句"不只是另一张小白脸"的口号，将自己难看的脸转化成一项有利的资产。

尽管面貌骇人、行动不便，米契尔却坠入爱河，且完成终身大事，同时拿到了公共行政硕士学位，并持续他的飞行活动、环保运动及公共演说。

米契尔说："我瘫痪之前可以做1万件事，现在我只能做9000件，我可以把注意力放在我无法再做好的1000件事上，或是把目光放在我还能做的9000件事上。告诉大家，我的人生曾遭受过两次重大的挫折，如果我能选择不把挫折拿来当成放弃努力的借口，那么，或许你们可以从一个新的角度来看待一些一直让你们裹足不前的经历。你们可以退一步，想开一点，然后你们就有机会说：'或许那也没什么大不了的！'"

"或许那也没什么大不了的"，它透着对创伤、对苦难的积极信念。确实，在经历创伤的过程中，多数幸存者会对人生中的轻重缓急产生和别人不一样的理解，他们能够根据自己的实际遭遇，寻求新的生活目标，重新去诠释生活的意义，并能全新看待自我存在的意义，因而在他们以后的生活中，他们会保持着更强的精神意志或者是信念。

5. 开拓崭新的人生道路

虽然创伤能粉碎一个人的生活，但这个人如果能将创伤的碎片一一拾起来，一一缝合，那么，在重组的过程中，他就能找到新的机会、新的选择，就像上面故事中的米契尔，在一次次创伤后勇敢缝合自己，创造了一次次奇迹。

创伤能够为受创者带来更好的转机，这证明了挫折衍生的力量并不是偶然的，而是真实存在的。但是，我们也必须要明白，要找到这个转机，与创伤的类别或者是来源没有关系，而在于我们自己面对创伤的心态。

痛苦是有助于我们心灵成长的养分

《神圣》一书的作者唐纳德·尼科尔在该书中一句非常精彩的话："如果明白发生在自己身上的每件事，都是上苍设计好的，我们就会永远立于不败之地。"

的确，要想让自己心甘情愿地面对人生的种种痛苦，并竭尽全力去克服它，就必须先改变对待痛苦的态度。一旦我们领悟到了，我们所遭遇的每一件事，都是有助于我们心灵成长的精心设计，都是用来指导我们的生命旅程的，我们注定会成为赢家。

一群少年非常喜欢捕鱼，他们常常结伴在一泓深潭边钓鱼。但是，每次忙活大半天，都只能捕到一些小鱼。可他们却看到集市上的一位中年渔夫天天卖大鱼，于是很好奇地问："你这些大鱼是从哪里来的？"中年人说："当然是从河里得来的！"

少年好奇地问："我们也是经常在河里捕鱼，为什么半天钓的鱼加起来还没有你的一条鱼重呢？"渔夫神秘地说道："那是，我有门道！不是每个人都想弄到大鱼就能够弄到大鱼的！"

少年们央求中年人说："那你教教我们吧！我们只是喜欢捕鱼，保证不会在这集市上来卖鱼抢你的生意！我们只是想感受一下捕到大鱼的感觉。"在少年们的再三请求下，渔夫终于答应等集市散了，到河边为少年们传授秘诀。

集市散了，渔夫收拾好自己的渔篓，带着少年们来到了河边。

"你们一般都在哪里捕鱼？"中年人问。少年们指一指河面比较平静的那一段，说："当然是那里了，水流比较缓，鱼肯定比较多！"

渔夫哈哈大笑，说："你知道我在哪里捕鱼？"渔夫指向潭上边不远的河段里，那是一个水流湍急的河段，雪白的浪花哗哗地翻卷着。

少年们都觉得这渔夫很可笑，在浪大又那么湍急的河段里，怎么会捕到鱼呢？那些鱼肯定会选择水流比较缓和的地方栖息！

渔夫笑笑说:"潭里风平浪静,所以那些经不起大风大浪的小鱼就自由自在地游荡在潭里,潭水里那些微薄的氧气就足够它们呼吸了。而这些大鱼就不行了,它们需要水里有更多的氧气,没办法,它们只有拼命游到有浪花的地方,浪越大,水里的氧气就越多,大鱼也越多。"渔夫又得意地说:"许多人都以为风大浪大的地方是不适合鱼生存的,所以他们捕鱼就选择风平浪静的深潭,但他们恰恰想错了,一条没风没浪的小河里是不会有大鱼的,而大风大浪恰恰是鱼长大长肥的唯一条件。大风大浪看似是鱼儿们的苦难,但这些苦难却是鱼儿们的天然给氧器啊!"

水流平静的河流是不会有大鱼的,只有风大浪急的河流,才有大鱼出现。这就像一个人不经历苦难,永远成不了大气候,只有经历一定的挫折和失败,才能够真正让一个人取得成功。所以每个人需要做的,就是要正视生活中的风浪,把每一次遭遇都当成是心灵成长的精彩设计。

李嘉诚说过:"苦难的生活,是我人生的最好锻炼。"因为正视了苦难对自己的作用,所以,他获得了巨大的成功。这也是为什么比尔·盖茨选择把自己财产的大部分捐出去的原因,因为他知道,如果不让孩子吃苦,那就是另一种变相的对孩子的不负责。

正视苦难,也就是正视自己的人生。苦难是最好的老师,它会让你逐渐由幼稚走向成熟,在不断的拼搏中获得成功。如果用积极的心态去面对苦难,苦难将是一笔不菲的财富。

第二章

在磨难中寻找正能量

正视挫折术——走过去前面就是片天

每个人都有自己的理想和抱负，但在现实的社会生活中，不可能事事如愿，谁都会遇到挫折，挫折感是在你的某种需要得不到满足时的一种紧张情绪状态。假若挫折感过于强烈，或时间过久，超过个体的承受能力，就会引起情绪紊乱，心理失去平衡而导致疾病发生。

隋璐从清华大学毕业后进了一家国企，这家国企规模很大，历史悠久，在全球也很有名，福利、待遇、薪水都不错；缺点是分工太细，流动性差，纪律太多。千篇一律的制服和单调的工作使她感觉到自己离原来的梦想越来越远。在上大学时，隋璐一直向往做一个有优越感的、工作独立的外企员工。所以，几年来她一直在为找这样的工作而努力，后来终于如愿以偿了。

隋璐在上海一家大型外资公司实现了这样的梦想，但是从踏进外企的第一天起，上司的刁难、同事的冷漠、工作的压力都让她心灰意冷，几次都委屈得落泪。加上工作路途远，无法正常上下班，总也不能适应环境，心情郁闷，使她感觉一下子老了很多。她每次想到原来的单位和同事，眼圈禁不住发红，上班成了地地道道的煎熬，现在她已经不想干了。

而且由于最近的睡眠越来越差，她更加烦恼。她曾经骂自己是笨蛋，断定自己当时一定是脑子坏了，要不怎么会离开原来的单位呢？

但是她害怕再次失败，一直都不敢到另外的公司去面试，内心很是焦虑。

失败与挫折是人生的必修课，而隋璐却没有修好这一课。面对事业上的挫折，她畏惧了，且没有调整好自己的心理状态，因而焦虑在所难免。

事实上，人生难免会遇到挫折，没有经历过失败的人生不是完整的人生。正因为有挫折，才有勇士与懦夫之分。

受挫后的心理失衡，不仅影响人的生活，还严重影响人的健康。长久的心理失衡，不仅会引起各种疾病，甚至能使人丧命。为了避免受挫后消极心理的产生，我们可以通过以下几种调节方法进行自我调节。

1. 找个知心的朋友聊聊天，诉诉苦

倾诉法是近年来心理医学比较提倡的一种治疗心理失衡的方法。受挫后如果把失望焦虑的情绪封锁在心里，会凝聚成一种失控力，它可能摧毁肌体的正常机能，导致体内毒素滋生。适度倾诉，可以将失控力随着语言的倾诉逐步转化出去。

2. 多看看自己的优势

受挫后有时难于找到适当的对象以诉衷肠，便需要自己设法平衡心理。优势比较法要求去想那些比自己受挫更大、困难更多、处境更差的人。通过挫折程度比较，将自己的失控情绪逐步转化为平心静气。另外，寻找自己没有受挫感的方面，即找出自己的优势点，强化优势感，从而增强挫折承受力。

3. 重新确立目标

挫折干扰了原有的生活，打破了原有的目标，需要重新寻找一个方向，确立一个新的目标。目标的确立，需要分析思考，这是一个将消极心理转向理智思索的过程。目标一旦确立，犹如心中点亮了一盏明灯，人就会生出调节和支配自己新行动的信念和意志力，进而为达到这个目标而不懈奋斗。

自我激励术——战胜挫折最强大的内在动力

人的一切行为都是受到激励而产生的。你激励别人，别人也激励你，同时通过不断地自我激励，会使你有一股内在的动力，让你朝着期望的目标奋斗，最终到达生命的高峰。

我们每个人自身都有一个巨大的宝库，只要找到了自我激励的钥匙，打开它，并行动起来，那么你就能打开成功的城堡。

任何一个阳光的人面对一个严重的问题时，自我激励语句就会从下意识心理闪现到有意识心理去帮助他。在紧急情况下，特别是在死亡的大门即将开启的时候，这一点表现得尤为明显。约翰的情况就是这样。

这是午夜1点30分。在医院的一间病房里，两位女护士正紧张地工作着——每人各抓住约翰的一只手腕，力图摸到脉搏的跳动。因为约翰在整整6个小时里都未能脱离昏迷状态。医生已经做了他所能做的一切事情，然后离开了这个病房，给其他病人看病去了。

约翰不能动弹、谈话或抚摩任何东西。然而，他能听到护士们的声音。在昏迷时期的某些时间里，他能相当清楚地思考。

他听到一位护士激动地说：

"他停止呼吸！你能摸到脉搏的跳动吗？"

回答是："没有。"

他一再听到如下的问题和回答：

"现在你能摸到脉搏的跳动吗？"

"没有。"

"我很好，"他想，"但我必须告诉他们。无论如何我必须告诉他们。"约翰一遍遍在自己的心里重复着。

他不断地想："我的身体状况很好，并非即将死亡。但是，我怎么能告诉他们这一点呢？"

于是他记起了他所学过的自我激励的语句：如果你相信你能够做这件事，你就能完成它。他试图睁开眼睛，但失败了。他的眼睑不肯听他的命令。事实上，他什么也感觉不到。然而他仍努力地睁开双眼，直到最后他听到这句话："我看见他一只眼睛在动——他仍然活着！"

"我并不感觉到害怕，"约翰后来说，"一位护士不停地向我叫道：'约翰先生，你还好吗……'对这个问题我要以闪动我的眼睑来作答，告诉他们我很好，我仍然在世。"

这种情况持续了相当长一段时间，直到约翰通过不断的努力睁开了一只眼睛，接着又睁开另一只眼睛。恰好这时候，医生回来了。医生和护士们以精湛的技术为约翰做了手术，让约翰起死回生。

这就是自我激励的神奇作用。在生活中，无论别人如何评价你的能力，你不要怀疑自己拥有能成就一番事业的能力。要尽可能地增强你的信心，在很大程度上，运用自我激励更容易让你走向成功。

那么，我们在自己的生活中，该怎样做到有效激励自己呢？要做到有效激励自己是有章可循的。

首先，你要敢于做一些自己怕做的事情。如果你坚持做这种事，并且成功了，你的信心就会大大增强。当然，事情可能成功，也可能失败，如果失败了，你就要给失败找出适当的原因。人们最害怕的事情就是毫无理由的失败，即便是失败了，也得找出一个理由。这不是掩盖自身的问题，让自己在改进中不断取得进步和成功，这样一方面可以有的放矢，另一方面也不至于把自己的自信心也输掉。

其次，就是改变成功的观念。成功并不是说非得要打败对手，独占鳌头，真正的成功是指自己的自我价值得到社会的肯定，自己的人生价值得到周围人的肯定。只要能充分发挥自我价值，这就算是达到了自我激励的目标。

总之，要以一种积极的心态，充满自信的生活，运用自我激励的力量，向你的人生目标迈进。

反复暗示术——积极的暗示让生命屹立不倒

心理暗示是我们日常生活中最常见的心理现象，它是人或环境以非常自然的方式向个体发出信息，个体无意中接受这种信息，从而做出相应的反应的一种心理现象。暗示有着不可抗拒和不可思议的巨大力量。良好的暗示能把人带进"天堂"，消极的暗示能把人带进"地狱"。善用积极的暗示就能带来积极的作用，产生积极的效果。

1960 年，哈佛大学的罗森塔尔博士曾在加州一所学校做过一个著名的实验。

新学期开始，校长对两位班主任说："根据过去几年来的教学表现，你们是本校最优秀的教师。为了奖励你们，今年学校特地挑选了一批最聪明的学生给你们教。记住，这些学生的智商比同龄的孩子都要高。"校长再三叮咛：要像平常一样教他们，不要让孩子或家长知道他们是被特意挑选出来的。这两位教师非常高兴，于是更加努力教学了。

一年之后，这两个班级的学生成绩是全校中最优秀的。知道结果后，校长如实地告诉这两位教师真相：他们所教的这些学生智商并不比别的学生高。这两位教师都感到有些吃惊。

随后，校长又告诉他们另一个真相：他们两个也不是本校最好的教师，而是在教师中随机抽出来的。这个真相，更让两位教师吃惊不已。

可不管教师怎么吃惊，这个结果正是校长所料到的：这两位教师都认为自己的学生都是高智商的，而且自己也是最优秀的，因此在教学过程中，他们对自己的工作充满了信心，工作起来也自然非常卖力，结果不言而喻：他们的班级成了全校最好的班级。

罗森塔尔博士的这个著名的实验给我们一个重要的启示：在做任何事之前，如果我们接受了积极的暗示，那么我们就会对自己充满信心，事实是，如果我们对自己充满信心，那么我们就等于已经成功了一半。所以，当我们面对挑战时，不妨告诉自己：你就是最优秀的和最聪明的，那么结果肯定是另一种模样。

这两位教师正是在积极的心理暗示之下，才让自己和学生都拥有了一种进步的动力，结果，他们真的做到了，成了全校最优秀的班级。

一天，一位老者来到大药房买一种需要医生处方才能出售的药，老者没有医生的处方，药房当然不能卖给他。但老者赖着不走，老板无奈，只好给了老者几粒没有药性的糖衣片，并一再告诉老者这就是他要买的药，并且对这药的功效还赞不绝口。

过了几天，老者又到药房来找老板。老板吓了一跳，以为闯了大祸，战战兢兢地走出柜台。谁知老者拿出一面锦旗，感谢老板的"药"治好了他的顽症，还说了一大堆感激的话。

糖衣片怎么能治顽症？这是心理的因素起了作用。而这心理因素，就是"暗示"的力量。因为老者早已相信这种药能治好他的病，再加上老板对药效的肯定，糖衣片就自然变成了灵丹妙药。

当然，因为心理暗示有积极的一面也有消极的一面，所以，不同的心理暗示自然会有不同的选择与行为，而不同的选择与行为自然会有不同的结果。有人曾说："一切的成就，一切的财富，都始于一个意念。"你习惯于在心理上进行什么样的自我暗示，就决定了你是贫还是富、是成还是败。我们每个人都应该给自己以积极的心理暗示，任何时候，都别忘记对自己说一声："我天生就是奇迹。"拿破仑·希尔给我们提供了一个自我暗示公式，他提醒渴望成功的人们，要不断地对自己说："在每一天，在我的生命里面，我都有进步。"

詹姆士·艾伦在《人的思想》一书中这样说过："一个人会发现，当他改变了对事物和其他人的看法时，事物和其他人对他来说就会发生改变——如果一个人能把自己的思想朝向光明，他就会惊讶地发现，他的生活受到很大的影响。一个人不能改变外界的什么，却可以吸引什么，因为，那些能改变气质的神性就存在于我们自己的心里，也就是我们自己。一个人所能得到的，正是他们自己思想的直接结果。一个人若有了奋发向上的思想，那么，他才能奋起、才能征服，并能有所成就。如果他不能奋起他的思想，他就永远只能衰弱而愁苦。"实际上，詹姆士·艾伦在这里强调的正是积极暗示的力量。

那么，在实际生活中，我们具体可以通过哪些方式，来让自己做到积极的自我暗示呢?

（1）利用语言进行自我暗示。用于自我激励的话，要有肯定的、积极的意义。如："我一定能行""我一定可以摆平这件事情"。

（2）利用心理图像进行自我暗示。当我们的思想陷入消极的时候，我们可以通过回忆过去取得成功的愉快情景来冲淡现在的消沉，或者是想象那些为了成功而坚强不屈的人，想象他们艰苦奋斗的情景，这样，我们能更快地在痛苦中站起来。

（3）利用动作进行自我暗示。当我们心情烦闷时，我们可以反背双手来一场无人打搅的散步；当我们紧张不安时，我们可以扩胸做深呼吸。

（4）利用自我"包装"，进行自我暗示。比如有的人在遇到烦恼的时候，就去做一个新发型，暗示自己一切从头开始；还有的人在遇到烦心事的时候喜欢买一件自己喜欢的衣服，让自己换一换形象，暗示自己以一个崭新的形象去重新开始生活。

（5）利用环境进行自我暗示。例如心情烦躁的时候，我们可以听听曲调舒缓的音乐；当自己对生活失去兴趣的时候，我们可以看看身边那些感动人的瞬间或者是看看身边那些感人的画面，以此来唤醒自己对生活的热爱。

其实，人与人之间本来只有很小的差异，但这很小的差异却往往造成了巨大的不同！巨大的差异就是一个人可以很幸福、很成功，而另一个人却很不幸、很平庸，而这原本很小的差异就是凡事所采取的不同的心理暗示。因此，在生活中，我们可以通过有意识的自我暗示，将有益于成功的思想和感觉，洒到潜意识的土壤里，并在成功过程中不断坚持、相信：有一天，我们也可以成为一个杰出者。

变通迎战术——不凭一套哲学生存，灵活跨越障碍

变通是一种做事方法，是一种博弈策略，是一种处世艺术。对于善于变通的人来说，这个世界上并不存在困难，只是暂时没有找到合适的办法而已。因此，善于变通的人往往更容易到达成功的彼岸，而不懂变通的人，往往会在生活中，被碰得头破血流。

两个贫苦的樵夫靠上山捡柴糊口。有一天，他们在山里发现了两大包棉花，两人喜出望外，棉花价格高过柴薪数倍，将这两包棉花卖掉，足可供家人一个月衣食无虑。当下两人各自背了一包棉花，赶路回家。

走着走着，其中一名樵夫眼尖，看到山路上扔着一大捆布，走近细看，竟是上等的细麻布，足足有10匹之多。他欣喜之余，和同伴商量，一同放下背负的棉花，改背麻布回家。他的同伴却有不同的看法，认为自己背着棉花已走了一大段路，到了这里丢下棉花，岂不枉费自己先前的辛苦，坚持不愿换麻布。发现麻布的樵夫屡劝同伴不听，只得自己竭尽所能地背起麻布，继续前进。

又走了一段路后，背麻布的樵夫望见林中闪闪发光，走近一看，地上竟然散落着数坛黄金，心想这下真的发财了，赶忙邀同伴放下肩头的棉花，改用挑柴的扁担挑黄金。

他的同伴仍不愿丢下棉花，还是枉费辛苦的论调，并且怀疑那些黄金是不是真的，劝他不要白费力气，免得到头来空欢喜一场。

发现黄金的樵夫只好自己挑了两坛黄金，和背棉花的伙伴赶路回家。两人走到山下时，无缘无故下了一场大雨，两人在空旷处被淋了个湿透。更不幸的是，背棉花的樵夫背上的大包棉花，吸饱了雨水，重得已无法背动。那樵夫不得已，只能丢下一路辛苦舍不得放弃的棉花，空着手和挑金子的同伴回家去。

故事中，背棉花的樵夫坚持不肯放弃自己的棉花，最终一无所获，除了因为他不合时宜的执着之外，最主要的原因就在于他不知变通。

在博弈论里面，有一个沉没成本理论，意思是说，你已经付出了一定的代价，但是还是看不到胜利的曙光，这个时候我们应该像故事中扔掉棉花的樵夫一样，适当变通，作出其他的选择。正如你在某地等车，等了半个小时后，车依然没来，此时，我们应果断地离开，另想他法。

我们处在一个充满不确定性的环境中，只凭一套哲学生存，便欲强渡人生所有的关卡是不可能的。学会变通是走向成功的重要一步。

牛顿早年是永动机的追随者。在大量的实验失败之后，他很失望，于是他明智地退出了对永动机的研究，在力学研究中投入更大的精力。最终，许多永动机的研究者默默而终，而牛顿却因摆脱了错误的研究而在其他领域脱颖而出。

保持自己的本色，坚持自己的初衷，固然是一种执着，但在博弈的过程中总是充满了无数的玄机，这时我们需要的不是朝着固定方向的执着努力，而是不断去尝试寻求一条尽可能快捷的成功之路；我们需要的不是对规则的机械遵循，而是对规则的有所突破。我们不能否认执着对人生的推动作用，但也应看到，在一个经常变化的世界里，灵活机变的行动比循规蹈矩的衰亡好得多。在当今这个瞬息万变的社会里，变通显得尤为重要。而不懂变通、僵化固执的人，最终将会被时代淘汰。

自我解嘲术——用自我解嘲来满足心理的平衡

所谓自我解嘲就是当自己的需求无法得到满足而导致失衡时，为了消除内心的烦闷，有意"丑化"自己的失衡，编造一些得不到的借口，以此进行自我安慰，来达到心理上的一种平衡。

自嘲是一种有效的心理防卫方式。这可以帮助自己松动一下既定的可望而不可即的追求目标，使自己失望、不满的情绪得到平衡和缓解，把自己锻炼得更加成熟和坚强。

自嘲还能使自卑转化为自信，使失衡的心理得到平衡。

伊索寓言里的那只狐狸用尽了各种方法，拼命地想得到高墙上的那串葡萄，可是最后还是失败了，于是只好转身一边走一边安慰自己："那串葡萄一定是酸的。"

这只聪明的狐狸得不到那串葡萄，心里不免有些失望和不满，但它却用"那串葡萄一定是酸的"来解嘲，使失望和不满化解，使失衡的心理得到了平衡。

人的一生，谁都难免会有失误，谁身上都难免会有缺陷，谁都难免会遇上尴尬的处境。有的人喜欢藏藏掩掩，有的人喜欢辩解。其实越是藏藏掩掩，心理越是失衡；越是辩解，就会越辩越丑、越描越黑。最佳的办法是学会用自嘲解脱自己，从失衡中找回自信。

美国著名演说家罗伯特，头秃得很厉害，在他头顶上很难找到几根头发。在他过60岁生日那天，有许多朋友来给他庆贺生日，妻子悄悄地劝他戴顶帽子。罗伯特却大声说："我的夫人劝我今天戴顶帽子，可是你们不知道光着秃头有多好，我是第一个知道下雨的人！"这句嘲笑自己的话，一下子使聚会的气氛变得轻松起来。

有了自卑感的人，心理很容易失衡，但是我们从不少人身上发现，人有了自卑感，同时也会产生出一种不断地弥补自己弱点的本领。往往自卑感越强的人，这种补偿作用也会越强。也许这是造物主赏给人类的一种心理平衡。美国第16任总统林肯从小就有自卑感，他就是通过自嘲来克服自卑，培养自己的自信心的。

大家都知道林肯长相丑陋，可他不但不忌讳这一点，相反，他常常诙谐地拿自己的长相开玩笑。在竞选总统时，他的对手攻击他两面三刀，搞阴谋诡计。林肯听了指着自己的脸说："让公众来评判吧，如果我还有另一张脸的话，我会用现在这一张吗？"还有一次，一个反对林肯的议员，走到林肯跟前挖苦地问："听说总统您是一位成功的自我设计者？""不错，先生。"林肯点点头说，"不过我不明白，一个成功的自我设计者，怎么会把自己设计成这副模样？"

林肯用自己的经历深刻地说明了一点，一个人生理缺陷越大，他的自卑感越强，那么他就越具有成就大业的资本。林肯洞悉了这一点，他把身上的自卑感变成了成功的"涡轮增压机"，而自嘲则是他超越自我的燃油。

"谋事在人，成事在天。"客观规律不以人的主观意志为转移。现实生活中的"不如意"之事，是一种无法改变的客观存在。与其固执己见，"钻牛角尖"，不如放松一下绷得过紧的神经，来点自我解嘲。譬如，恋人与你分了手，破镜已无法重圆，与其在那里苦苦相思，"剃头担子一头热"，自己折磨自己，莫如调整一下心态：强扭的瓜不甜，捆绑不成夫妻，天涯处处有芳草，何苦在一棵树上吊死？诸如此类的良药是最好的安慰。

自我解嘲是生活的艺术，是一种自我安慰和自我帮助，也是对人生挫折和逆境的一种积极、乐观的态度。自我解嘲并非逆来顺受、不思进取，而是随遇而安，放弃可望而不可即的目标，重新设计自己，追求新的目标。一个人要做到自我解嘲，重要的是要有一颗淡泊心，不为名利所累，不为世俗所扰，不以物喜，不以己悲。树立正确的人生观、价值观，对名利地位、物质待遇等采取超然物外的态度，心怀坦荡，乐观豁达，才谈得上自我解嘲，才能活出潇洒、自在的人生。

心理补偿术——平衡心灵的秤杆

一个人的内心往往会关系到一个人的命运，要想时刻都过得愉快，那就得让自己的内心永远都在自己的掌控之中。你拥有什么样的内心，就拥有什么样的生活能量，这种能量将决定你是否能获得幸福的人生。

有人把世界上的人分为两种：幸福的人和不幸的人。这两种人在本质上并没有什么区别，只是他们在日常生活中所拥有的心态不同，准确地说，是自己控制内心的能力有所不同。一个幸福的人，并不是他们在人生道路上是多么的一帆风顺，也不是他们的能力有多么的超群，而只是因为这种人善于控制自己的内心，能在狂风暴雨中看到美丽的彩虹，甚至能在一败涂地中看到美好的将来，并时刻保持一种良好的心理状态，不为暂时的困厄而沮丧。

相反，一个不幸福的人，也并不是真的像他们所说的那样缺少运气，甚至像某些人说的老天无眼，给自己的保佑不够多，原因仅仅是这种人不会控制自己的内心，任自己的情绪跟随发生的事情恣意放纵。

总而言之，幸与不幸就在两个字——内心。内心处于平衡状态，则会感到幸福；相反，则感觉不幸福。平衡的内心是指一个人能够控制自己的思维和情绪，使自己处于一个良好的心理状态。生活中的非理性因素实在是太多了，以至于我们常常会因为这些非理性的因素而控制不住自己的内心，导致发生了一些原本不该发生的事情。经过分析，这些困扰人类多年的非理性因素有如下几种：嫉妒、愤怒、恐惧、抑郁、紧张，还有狂躁和猜疑。这些都是再平常不过的心理因素了，看似极其平常的心理因素，却往往可以决定一个人的成败得失。

一位哲人曾经说过：一个人的内心就是一个人真正的主人，要么你去驾驭生命，要么是生命驾驭你，而你的内心将决定谁是坐骑，谁是骑师。一个拥有平衡心态的人，他的人生必定充满希望，而一个内心失衡的人，他的人生必定充满阴霾。

曾经有两个人在沙漠的黑夜中行走，水壶中的水早就喝完了，两人又累又饿，体力渐渐不支了，在休息的时候，其中一个人问另一个人，现在你能看到什么？被问的那个人回答道："我现在似乎看到了死亡，似乎看到死神在一步一步地靠近。"不过发问的这个人却微微一笑说："我现在看到的是满天的星星和我的妻子、儿女等待我回家的脸庞。"

最后，那个说看到死亡的人真的死了，就在快要走出沙漠的时候，他用刀子匆匆结束了自己的生命，而另一个说看见星星和自己妻子、儿女脸庞的人靠着星星的方位指示成功地走出了沙漠，并成为人们心目中的英雄。

人们在社会上要面临太多的问题，忙碌在发现、遭遇和解决问题的途中，于是，在对人对己的相应比较中，就出现了心理失衡的现象。

面对心理失衡，我们需要的是"心理补偿"。综观古今中外的强者，其成功之秘诀就包括善于调节心理的失衡状态，通过心理补偿逐渐恢复平衡，直至增加建设性的心理能量。

有人打了一个颇为形象的比喻：人好似一架天平，左边是心理补偿功能，右边是消极情绪和心理压力。你能在多大程度上加重补偿功能的砝码而达到心理平衡，你就能在多大程度上拥有了时间和精力，信心百倍地去从事那些有待你完成的任务，并有充分的乐趣去享受人生。

那么，我们如何才能让自己更好地做到心理补偿呢？

首先，要意识到你所遇到的烦恼是生活中难免的。心理补偿是建立在理智基础之上的。人有七情六欲各种感情，遇到不痛快的事自然不会麻木不仁。没有理智的人喜欢抱屈、发牢骚，到处辩解、诉苦，好像这样就能摆脱痛苦。其实往往是白花时间，现实还是现实。明智的人勇于承认现实，既不幻想挫折和苦恼会突然消失，也不追悔当初该如何如何，而是想到不顺心的事别人也常遇到，并非是老天跟你过不去。这样你就会减少心理压力，使自己尽快平静下来，客观地对事情作个分析，总结经验教训，积极寻求解决的办法。

其次，在挫折面前要适当用点"精神胜利法"，即所谓"阿Q精神"，这有助于我们在逆境中进行心理补偿。例如，实验失败了，要想到失败乃是成功之母；若被人误解或诽谤，不妨想想"在骂声中成长"的道理。

　　最后，在做心理补偿时也要注意，自我宽慰不等于放任自流和为错误辩解。一个真正的达观者，往往是对自己的缺点和错误最无情的批判者，是敢于严格要求自己的进取者，是乐于向自我挑战的人。

清理包袱术——随时清空自己的坏情绪

每过一段时间，我们都要清理一番家里的物品，有保存价值的留下，估计意义不大的把它们卖掉，甚至干脆扔进垃圾桶。这种清理让人感到无比快乐，每做一次，就有一种又丢掉了一个包袱的感觉，那种无法按照自己的意愿设计生活的压抑感也会一扫而空。

人的心灵其实也像一个家，它的容量是有限的，不管你名气有多大，职位有多高，也不管你拥有多少金银财宝，你都无法突破这种限定，而人生一世，难免有挫折、失败不幸，难免有烦恼、寂寞孤独，这些东西就像旧书报和废手稿一样，它们于你的人生毫无用处，却侵占了大量的生命空间，如果不及时清理掉，它们就会慢慢地膨胀，让你的心灵变成一个垃圾坑。

一位气色很差的年轻人去看医生，他向医生抱怨生活的无趣。诊断后，医生发现他的身体毫无问题，觉察到他的内心有问题。医生问年轻人："你最喜欢去哪个地方？""我喜欢海边，不过已经很久没有去过了。"年轻人回答。医生于是说："拿这三个处方到海边去，你必须在早上9点，中午12点和下午3点分别打开这三个处方。你必须同意遵照处方，不到时间不得打开。"

这位年轻人身心俱疲地拿着处方来到了海边。他抵达时刚好9点，他赶紧打开处方，上面写道："专心倾听。"他开始用耳朵去注意听，不久就听到以往从未听见过的声音。他听到波浪声，听到不同的海鸟叫声，听到沙蟹的爬动声，甚至听到海风在低诉。一个崭新、令人迷恋的世界向他展开双手，使他安静下来。他开始沉思、放松。

中午时分他仍陶醉其中，他很不情愿地打开第二个处方，上面写道："回想。"于是他回想起儿时在海滨嬉戏，与家人一起拾贝壳的情景……怀旧之情汩汩而来。

到下午3点时，他正沉醉在尘封的往事中，温暖与喜悦的感受使他不愿去打开最后一个处方，但他还是拆开了。"回顾你的动机。"他开始自省，回想生活工作中的每件事、每种状况、每个人。他很痛苦地发现所有的抱怨只不过是自己的负面情绪使然，对工作和生活的抱怨使得自己错失了很多美好的东西。他终于找到了自己不开心的原因。

现实生活中，有些人好像从来就没有过顺心的事或顺利的时候，任何时候你与他在一起，都会听到他不停地抱怨。他们把每一件不顺心、不如意的小事都堆积在心里、挂在嘴边，搞得自己心情很糟。在这样一种状态下，自己很烦躁，别人也很厌烦。

"万事如意"不过是人们对生活的良好祝愿，人生不如意之事十有八九，现实生活中，人们所面对的总是一些不尽完美的事情。我们虽不可能保证事事顺遂，但可以做到坦然面对，该放则放，不要把一些"垃圾"堆积在心里，把乌云挂在脸上，把牢骚挂在嘴边，否则你就会变成不受欢迎的人。

唐僧人神秀曾作一偈："身是菩提树，心如明镜台。时时勤拂拭，勿使惹尘埃。"心如明镜，纤毫毕现，洞若观火，那身无疑就是"菩提"了。但前提是"时时勤拂拭"，否则，尘埃厚厚，似茧封裹，心定不会澄碧，眼定不会明亮了。

一个人，在尘世间走得久了，心灵无可避免地会沾染上尘埃，使原来洁净的心灵受到污染和蒙蔽。心理学家曾说过："人是最会制造垃圾污染自己的动物之一。"的确，清洁工每天早上都要清理人们制造的成堆的垃圾，这些有形的垃圾容易清理，而人们内心诸如烦恼、欲望、忧愁、痛苦等无形的垃圾却不那么容易清理。但不容易清理并不代表没有办法清理，只要你坚持，即便是每天清扫一点，那么时间一长，你也能把这些拖累心灵的东西扫光。

每个人都有清扫心地的任务，如果不把污染心灵的废物一块一块清除，势必会造成心灵垃圾成堆，而原本纯净无污染的内心世界，亦将变成满地污水，让你变得更贪婪、更腐朽、更不可救药。只有将心灵的垃圾清除，我们的心灵才能澄静洞明、神清气爽，且轻松、愉悦和通达。

那么，我们如何清空自己的坏情绪，总结前人的经验，以下几个方法可供参考：

1. 说出你的想法

如果确信别人的某个请求是不合理的，你应该说出来。例如，当人们请求你帮他们做事情而给你造成不快时，你通常很难说"不"。考虑一下你是否能够做或者愿意做他们要求你做的事情。如果你不能做或不想做，就要学会有效地拒绝他人的请求。

2. 避免争执

每个人都遇到过与朋友、家人或同事在某个问题上发生冲突的情况。争执会产生严重的坏情绪，但冷静、克制会缓解这种情绪。

3. 自我激励

承认你能从错误中吸取教训，下一次更正。告诉自己："我已经做得很好，对我来说已经足够好了。""金无足赤，人无完人。""即使我不时地失败，人们仍会喜欢我。"

4. 不要让错误成为心中永远的疙瘩

世界上没有完美的人，我们每个人都会犯错误。所以做错了事，就要认真地找出原因，吸取教训，改了就好。

5. 学会过好每一天

要过好每一天，我们就要学会计算自己的幸福和计算自己做对的事情。在计算中懂得有舍有得，世界上的事情总是有"舍"才有"得"，而"一点都不肯舍"或"样样都想得到"会导致事与愿违或一事无成。

6. 学会正视现实

面对无法改变的事实，最好的办法就是接受它。不管发生什么事情，哪怕是天大的事情，也要对自己说："不要紧!"记住，积极乐观的态度是解决任何问题和战胜任何困难的第一步。要知道风雨之后总会有彩虹，因为天不会总是阴的。自然界是这样，生活也是这样。

放松入静术——控制情绪，避免不必要的失误

当人们的心情紧张或冲动时，难免会做出一些失去理智的行为，造成不良的后果。如果我们掌握了放松入静的能力，就能很好地控制情绪，管理好自己的行为举止，避免不必要的失误。

儒家、佛家、道家都认为："静能生慧""静能开悟""静能正道"。静、定、思、得四个字，静是关键。人生没有肉体的宁静，不可能有思想的深刻。冷静出智慧，冷静可以打破思维定式，使浮躁情绪下沉，理智上升，从而看到一个清晰的自我。心灵宁静，是人生之福。

放松入静是一种调整身心的有效手段，尤其是对当下生活压力大的状态下生活的人们来说，这无疑对我们身心健康起到重要的作用。当然，有人总是以忙碌为借口，说没有时间去放松。事实上，生活越忙碌，就越需要静坐和深思。

放松入静多是以静坐和静思两种方式来达到放松的目的。静坐可以放松身心，保持健康；静思则可以开发潜能，让人变得智慧。自古以来，一些高人都把静坐当作健身大法、智慧大法，因此，影视中常会出现正在静坐的人们，突然顿悟出某方面智慧的情景，其原因大多如此。

不仅如此，纵观历史，古今中外的人都在强调放松入静对人们生活的重要性：

中国中医学认为，"静者寿，躁者夭""静者藏神，躁者消亡"。

中国近代政治家、文学家梁启超先生说："每日静坐一二小时，求其放心：常使清明在躬，气志如神，梦剧不乱，宠辱不惊。他日一切成就，皆基于此。"

美国卡巴金博士认为，"静坐练习，不是什么操练，而是一种生活方式"。

……

既然放松入静对调节人们的身心有如此重要的影响，那么我们应该如何修炼静坐和静思呢？这里提供了练习的方法和具体步骤，供你参考。

1. 放松

要做到全身放松，并进行自我暗示、自我检查！使全身每一个部位都达到彻底的放松状态，使平时紧张、僵硬的地方放松、畅通！这个过程中最大的难点在于思想上的放松。

你可以找一个幽静的地方，安静坐下，保证无人干扰。脚单盘或双盘都可以，只要感到舒服即可。脊背稍微挺直，以减轻腰部的承受力。

2. 调整

要调整身体和意识，便于集中注意力练习。先轻轻闭上眼睛，注意力集中，身心放松，自然呼吸。

首先要调息。吸气时，腹部鼓起来，想象肚子充满新鲜空气；呼气时，小腹内缩。呼吸深长、舒缓。与此同时，在心中默念：放松，并使自己最大程度地放松。

呼吸时要慢，不要着急，如果你此时还很着急、很不安，那就说明你还有所欠缺，要及时改正！

其次要调身。即从头→肩→臂→手→腰→大腿→小腿→到脚指头，一一放松，甚至每一寸肌肉都变得放松和舒展。

先从头部开始，深吸气，呼气时默念头部放松，并检查头部是否放松，而后颈部、两肩、两手臂、胸背部、腰腹部、臀部、大小腿、脚，依次放松检查，然后再继续：全身皮肤毛发放松——全身肌肉血管神经放松——全身骨骼放松——全身每一个细胞都放松——松——松——一般人到这里，只要你确实放松了，会感到飘飘然，身体很轻，很松，很温暖，身体的每个毛孔都像是张开了，心里对身体的每一寸肌肤都能感觉！这就是真正放松的标准！用意念全身放松。

然后要调心。调心就是排除杂念，集中心念。这时你想象着，自己心中充满阳光，慢慢放大，排除浊气，吸进新鲜空气；你也可以想象自己在小河边、在花丛中，享受着阳光、空气、海浪的抚摸。总之要想快乐的事，想幸福的事，脸上充满微笑。使身心真正达到静的状态。接着，请保持这种状态，时间越长越好！

最后是收尾，对生命和心灵表示感激。轻轻坐起，保持轻松愉快心态。在练习的过程中，无论出现任何反应，都是正常的！睡前练习时，如果自然入睡，也可以，不要刻意去强求！第二天醒来，心里告诉自己：我收功了！

可能大家已经发现了，放松入静技术并不神秘，方法简单，易学易练，对于放松全身和帮助入静很有好处，可以作为练习其他功法的准备功，也可用于治疗神经衰弱、高血压、冠心病。

如果你能坚持每天练习，将对你的心情和生活态度产生积极的影响。让你感觉到生活是如此美好，从而更加热爱生活，珍惜生命中的每一天。

第三章

转换思维，超越磨难

学会正面思考，就会有幸福的人生

你想成为什么样的人，你就能成为那样的人。你的头脑创造了你的地狱，也创造了你的天堂。关键在于你朝哪一个方向移动，这一切都是你自己的选择。你所拥有的人生最大的权力就是选择的权力！大脑决定了天堂和地狱。

有一个著名的寓言：一个人在旅行时偶然进入了天堂。天堂里长着一种能满足心中愿望的树，只要坐在树底下，所想得到的东西就会立刻被实现。那个旅人已经很疲倦了，所以他睡在那棵树下。当他醒来的时候，就立刻出现了不知从何而来的、飘浮在空中的各种美食。因为他已经很饿，马上吃了起来，当他吃饱了，心里很满足，另外一个想法从他心里升起：如果能有一些饮料的话更好，于是名贵的酒出现在他眼前。喝下了那些酒，他开始怀疑：这到底是怎么回事呢？我是不是在做梦或者是一些鬼在捉弄我？接着，就有一些鬼出现了，他们很凶猛、很可怕，令人恶心，所以他开始颤抖，后来，有一个想法从他心里升起：我一定会被杀掉……最后，他果然被杀掉了。

我们常说：外在发生的一切，其实是反映我们内在心灵世界的一面镜子。如果我们的内在世界发生了改变，变得更丰盛，那么，外在世界的一切也就会变得丰盛起来。内心的反应其实就是一种思维模式，正面思维有利于我们处理任何事情时都以积极、主动、乐观的态度去思考和行动，促使事物朝有利于自己的方向转化。它使人在逆境中更加坚强，在顺境中脱颖而出，变不利为有利，从优秀到卓越。

人生很多的失败，往往是因为"思维方式"变成负值，这类负面的"思维方式"如果不改正，不管你有多少财富，你都不可能有幸福的人生。要度过幸福的人生，就无论如何必须具备正确的、正面的"思维方式"。

看看下面这个关于思维的寓言故事。

为了改变一个乞丐的命运，上帝化作一个老人前来点化他。

上帝问乞丐："假如我给你1000元钱，你如何用它？"乞丐马上回答说拿到钱，马上买个手机。上帝很纳闷，问为什么。乞丐说："我可以用手机同城市的各个地区联系，哪里人多，我就可以到哪里去乞讨。"

听了乞丐的回答，上帝很失望，但他没有死心，而是继续问道："那么，如果给你10万元钱，你想做什么？"乞丐这回更高兴了，他说："那我可以买一部车，这样我以后出去乞讨就方便多了，再远的地方也可以很快赶到。"

上帝这次狠了狠心，说："给你1000万元钱呢？"乞丐听罢，眼里闪着光亮说："太好了，我可以把这个城市最繁华的地区全买来。"上帝听完很高兴，以为这个乞丐突然间开窍了，没想到乞丐说了这么一句："到那时，我就把我领地里的其他乞丐全部撵走，不让他们抢我的饭碗。"上帝无奈地走了。

故事中的乞丐，面对机遇，始终改变不了一个乞丐的思维，他想到的只是如何更好地为行乞创造条件，却没有想过抓住这个机遇，通过自己的努力来改变成为乞丐的命运，竟想不到有了钱还用行乞吗？这注定他无法改变行乞的命运。故事说明了一个道理：思维决定人生。

思维的正与负是人生成与败的分水岭。有了正面思维，负面思维就没有了立足之地。正面思维是负面思维的天敌，克制负面思维，用正面思维来置换负面思维，是事业成功和自我实现的唯一途径。

正面思维是人生路上的一盏指航灯，在这个过程中秉持积极向上，具有建设性、协调性，善于与人合作，性格开朗，对事物持肯定态度的思维，直面自己的生活，把日子过得更充实。如果能做到这些，我们的人生无论是轰轰烈烈还是平平淡淡，一定会硕果累累，一定会幸福美满。

人生和事业的成功需要保持正确的思维方式，充满热情，提升能力，持有正面的思维方式显得极其重要，因为有了正面的思维方式，才会有幸福的人生。

学会归零思考，不做回忆的奴隶

昨天的总要在今天归零，人不能总是活在过去，当下才是最美的风景。面对过去，我们要勇敢地放下。特别是面对过去的一些痛苦，我们更要勇于放下。要记得，人生是往前走，只有不断地卸下身上的包袱，我们才能走得更远。

一老一少两个和尚出门化斋，经过一条湍急的河流，见一年轻女子踌躇不前，便问其原因，女子答道："小女子，过不了大河。还望两位大师相助。"

小和尚看了眼年长的和尚，露出为难之色，当他正想开口说点什么的时候，老和尚已经背起了年轻女子向河中走去。没多久，老和尚已经将女子背过了河去。等女子缓缓走远后，小和尚也上了岸。

老和尚看到小和尚一脸凝重，秋风朗朗，额头却冒着汗。便笑道："那个女子已经走远了，你怎么还想着刚才的事情？"小和尚涨红着脸，不知说些什么才好。老和尚准备去河边洗把脸，将手中的钵让小和尚拿一会儿，当小和尚接过这个褐色的钵时，突然惊叫一声，老和尚转身问道："怎么了？"小和尚羞红着脸不敢出声。原来刚才拿到那个钵的时候，小和尚的手颤抖了一下，差点将钵打碎。

人已走远，事已过去，于是老和尚的心思重回化缘，而小和尚却久久不忘刚才老和尚背女子过河一事，以致在替老和尚拿钵的时候不能专心于此刻。

很多时候，我们无法超越自己，无法从痛苦忧伤的情绪中摆脱出来，就是因为容易走回头路，所以过去的不能遗忘，现在的不能牢记，往事压心头，百折千回，就好像刚刚学会走路的小孩，两条腿总习惯于往后倒转，结果很长时间不能向前迈开一步，只能由大人牵着向前蹒跚而行。

事实上，对于过去发生的事情，我们已无能为力。至于未来，它还没有发生，我们对于它的一切不过是想象。只有此刻，才是最真实的，也只有抓住此刻，才是最幸福的。

　　曾任英国首相的劳合·乔治有一个习惯——随手关上身后的门。有一天，乔治和朋友在院子里散步，他们每经过一扇门，乔治总是随手把门关上。"你为什么每次都要关上这些门呢?"朋友很是纳闷。

　　"这对我来说是很必要的。"乔治微笑着说，"我这一生都在关我身后的门。你知道，这是必须做的事。关上身后的门，也就意味着将过去的一切都关在了门外，不管是美好的成就，还是不太美妙的回忆，然后，你又可以重新开始。"

　　"我这一生都在关我身后的门!"多么经典的一句话!漫步人生，我们难免会经历一些风吹雨打，心中多少要留下一些心痛的回忆。我们需要总结昨天的失误，但我们不能对过去的失误和不愉快耿耿于怀，伤感也罢，悔恨也罢，都不能改变过去，不能使你更聪明、更完美。如果一个人总是背着沉重的怀旧包袱，为逝去的流年感伤不已，那只会白白耗费眼前的大好时光，也就等于放弃了现在和未来。所以，抛开过去，就在今天全部归零，我们才能整装待发、快乐出行。

　　我们每一个人都有过去，都存在自己的过失。如果有了过失能够决心去修正，即使不能完全改正，只要继续不断地努力下去，也就可以问心无愧。徒有感伤而不从事切实的补救工作，那是最要不得的。

　　哈蒙是一位商人，四处旅行，忙忙碌碌。当能够与全家人共度周末时，他非常高兴。他年迈的双亲住的地方，离他的家只有一个小时的路程。哈蒙也非常清楚自己的父母是多么希望见到他和他的全家人。但他总是寻找借口尽可能不到父母那里去，最后几乎发展到与父母断绝往来的地步。不久，他的父亲死了，哈蒙好几个月都陷于内疚之中，回想起父亲曾为自己做过的所有事情。他埋怨自己在父亲有生之年未能尽孝心。在最初的悲痛平定下来后，哈蒙意识到，再大的内疚也无法使父亲死而复生。认识到自己的过错之后，他改变了以往的做法，常常带着全家人去看望母亲，并一直同母亲保持密切的电话联系。

　　的确，我们应当吸取过去的经验教训，但绝不能总在过去的阴影下活着。面对错误或者是失败，我们要做的就是及时把情绪垃圾归零，然后迅速行动起来，用积极的心态代替消极的思维，用正确的行动去佐证错误的行动。

　　我们不能抛弃回忆，但也不能做回忆的奴隶。让我们在心灵的一个小角落里，藏起曾经的喜怒哀愁、酸甜苦辣，然后，把更广阔的心灵空间留给现在、留给将来。

学会中道思考，顺其自然是应对挫折的最高准则

在曾仕强和刘君政著的《易经的中道思维》中，对中道思维的解释大意是这样的：生活中泰的时候，已经潜伏了否的因素；而否的时候，也含有着泰的转机。泰中有否，否中有泰，这是天道自然的道理。

不难理解，中道思维强调的是一种顺其自然。而顺其自然对于我们每个人来说都是最好的活法。

生活中，有很多人都感叹世事难料、命运不济，其实是他自己的活法不对。我们每个人都会遇到挫折或困境，每当生活稍不如意，他们要么是垂头丧气地放弃，要么就是固执地明知不可为而之，进行无谓的坚持。事实上，这两种方式都不是最理想的。

人生如爬山，总想站在最高处，看到最美的风景。刚开始力量足，感觉比较轻松，走到半道上，力量不足，道也变得难行。意志不够坚定的人就会妥协，放弃了高处的风景；而意志坚定的人们竭尽全力地向上前进，完全不顾这个方向是不是正确，以至于历尽千辛万苦也没能欣赏到想看的风景。

要想看到最美的风景，既不能畏惧途中的障碍物，轻易妥协，也不能不看前方，埋头赶路，盲目前行，最好的方式是顺其自然地前行时，随时审视所走的方向是不是正确，努力朝向自己的目标前进。

顺其自然地活着，一切都将按自己的规律发展。做好自己应该做的事情，不悲观不失望，不羡慕任何人，以一种平静的心态来对待生活。这样最好不过了——既收获充实，又不失精彩。

顺其自然不但可以成就人生，也是一种很实用的处世哲学。所谓"祸兮福所倚，福兮祸所伏"，在现实生活中，我们遇事也要学会用辩证的观点去解决问题，愤怒、冲动只会让我们失去前进的方向。

在《淮南子》中有这样一个故事：

有一位老人养了一群马。有一天，其中有一匹马忽然不见了，怎么找也不见踪迹。好好的一匹马丢了，家人们都非常伤心，邻居们也都赶来安慰他，而老人却像平时一样乐呵呵，邻居们问他："你的家人都在哭，你为什么反而笑呢？"

老人依旧是微笑着对家人及邻居们说："有什么可伤心的呢？说不定这还是一件好事呢。"众人觉得老人那是想当然的妄想，不可理喻，大家都一笑了之离去了。就连他的家人也认为是老人因失马而伤心过度，在说胡话。

过了一段时间，当家人和邻居们对这件事淡忘时，那匹丢失的马竟然又自己回来了，而且还带来了一匹漂亮的马，家人喜不自禁，邻居们惊奇之余又十分地羡慕，纷纷前来道贺。而老人却不高兴，反而忧心忡忡地对众人说："没有什么值得庆祝的，这也许是一件突如其来的坏事呢？"大家听了都笑了起来，都以为是把老头给乐疯了。

事过不久，老人的儿子由于特别喜欢那匹漂亮的马，便经常骑着那匹马出去打猎，在一次外出时，老人的儿子竟然摔断了腿。这件事让家人们都挺难过，邻居们也前来看望，这个老人又显得不以为然，而且还有点得意之色。众人很是纳闷，问他："你儿子都摔成这样了，你为什么一点都不伤心？"老人笑着答道："谁知道这会不会又是一件好事呢？"众人实在弄不明白这个老人到底怎么了！

过了些日子，战争爆发，所有的青壮年都被强行征集入伍，而战争相当残酷，前去当兵的乡亲，十有八九都在战争中送了命，老人的儿子却因为腿跛而未被征用，他也因此幸免于难，故而能与全家人相依为命，平安地生活在一起。

这个故事中老人的高明之处便在于明白"祸兮福所倚，福兮祸所伏"的道理，能够做到任何事情都能想得开、看得透，顺其自然。顺其自然是最好的活法，不抱怨，不叹息，不堕落，胜不骄，败不馁，只管奋力前行，只管走属于自己的路。

中国有句俗话叫作"谋事在人，成事在天"，而这种"成事在天"便是一种顺其自然。只要自己努力了，问心无愧便知足了，不奢望太多，也不会事事失望。当然，顺其自然不是让你随波逐流，放任自流，而是弄明白自己的人生方向后踏实地朝着目标走下去，坚持正常的学习和生活，做自己应该做的事情。

　　最好的活法是顺其自然努力奋斗。既不感叹命运也不抱怨时代，是鱼就遨游在水中，是虎就奔跑在深山，是鹰就飞翔在天空……明白自己该走的路，也就可以心安理得地坚定自己选定的人生之路了，也就会在生活中创造出无穷的智慧和乐趣，也就会在前进中开发无尽的幸福快乐。

　　顺其自然实际上就是一种"以不变应万变"，而"以不变应万变"正是我们生活的最高智慧，中道思维就大有这个韵味。学会用中道思维看待人生的挫折，你就会发现，人生其实真的没什么大不了。

学会转念思考，把负变正其实并不太难

人生中的遭遇肯定有负有正，你需要做的就是把负的变为正的，只要你转换一下念头，你就会发现，把负变为正其实并不太难。伟大的心理学家阿佛瑞德·安德尔说，人类最奇妙的特点之一就是"拥有把负变为正的力量"。不要把它想得太难，你绝对可以把负的变为正的。

加拿大第一位连任两届的总理让·克雷蒂安小时候说话口吃，曾因疾病导致左脸局部麻痹，嘴角畸形，讲话时嘴巴总是向一边歪，而且还有一只耳朵失聪。

听一位有名的医学专家说，嘴里含着小石子讲话可以矫正口吃，克雷蒂安就整日在嘴里含着一块小石子练习讲话，以致嘴巴和舌头都被石子磨烂了。母亲看后心疼得直流眼泪，她抱着儿子说："克雷蒂安，不要练了，妈妈会一辈子陪着你。"克雷蒂安一边替妈妈擦着眼泪，一边坚强地说："妈妈，听说每一只漂亮的蝴蝶，都是自己冲破束缚它的茧之后才变成的。我一定要讲好话，做一只漂亮的蝴蝶。"

功夫不负有心人，经过长久的磨炼，克雷蒂安终于能够流利地讲话了。他勤奋并善良，中学毕业时他不仅取得了优异的成绩，而且还获得了极好的人缘。

1993年10月，克雷蒂安参加全国总理大选时，他的对手大力攻击、嘲笑他的脸部缺陷，对手曾极不道德、带有人格侮辱地说："你们要这样的人来当你们的总理吗？"然而，对手的这种恶意攻击却招致大部分选民的愤怒和谴责。当人们知道克雷蒂安的成长经历后，都给予他极大的同情和尊敬。在竞争演说中，克雷蒂安诚恳地对选民说："我要带领国家和人民成为一只美丽的蝴蝶。"最后他以极高的票数当选为加拿大总理，并在1997年成功地获得连任，被加拿大人民亲切地称为"蝴蝶总理"。

换一种思维方式，把不幸当作机遇，你就可以获得不幸给予你的馈赠，你就能变负为正，在做事情时找到峰回路转的契机，同时赢得一片新的天地。

已故的西尔斯公司董事长亚当斯·罗克尔说："如果有个柠檬，食之味微苦，但如果必须吃，我们可以做成鲜美的柠檬汁。"在这里，亚当斯·罗克尔强调的就是有些困难或者挫折既然不可避免又摆脱不掉，我们不妨换一种思维、换一种方式，把负的影响变成正的能量。

现实中，我们每个人都不能避免遭遇挫折和痛苦，既然不能避免，我们不妨换一种思维，怀着"甜柠檬"心理接受生命给予我们的一切。只要我们自信、自爱而不自负，积极地面对生活，相信生活绝不会将我们永远挡在幸福之门的外面。

段云球，许多人为他百折不挠的坚强意志所震动，并称他为中国版保尔。

在他的著作《当身体还剩下四分之一时》里，我们看到：当他两岁时，父母离异，母亲带着他来到了黑龙江省鹤岗市。在他7岁那年，火车残酷地夺取了他的双腿和右手，整个身体只剩下四分之一，当被送到医院时，医生表态说：这孩子抢救过来的希望十分渺茫，就算活过来了，今后怎样过日子啊。经过医生们的奋力抢救，死神松开了那无情的双手，从此，他开始了那四分之一的生活。

面对如此残酷的打击，段云球并没有动摇对生命的执念，车祸虽然无情地夺走了他的肢体，但它永远也夺不走他面对生活的勇气和信念。没有双腿，凳子成了他行走的必备工具；没有右手，他用左手处理生活中的琐碎，吃饭、穿衣。然而，厄运并没有就此离去，四年级时他被迫退学，但顽强的他通过自学，完成了从小学到中学的全部课程，不断地充实自己，不断地鼓励自己，完全凭着意志和信念生活。然而，时间是不会停下脚步的，父母也逐渐老去，他也渐渐地长大了，为了生计，他必须要自己挣钱。他开始通过写作，挣钱，照顾自己年迈的母亲，维持生活。也正是这样，他在5个月内，写出了一部长达20万字的自传体小说《当身体还剩下四分之一时》，引起了全社会的广泛关注，张海迪曾给他题词，愿你更加顽强勇敢，锻造更加坚韧的生命品质！

英国政治家威伯福斯厌恶自己的矮小，但是，他却为英国废除奴隶制度做出了决定性的贡献。著名作家博斯韦尔在听他演讲后对人说："我看他站在台上真是个小不点儿。但是我听他演说，他越说似乎人越大，到后来竟成了巨人。"

弥尔顿的眼睛看不见世界，却可以用美好的诗篇来描绘世界；贝多芬耳朵失聪，却谱出振奋人心的曲子；海伦·凯勒从小就失去了听力和视力，却通过自己的努力在文坛上留下了不朽的篇章。他们的人生筹码有太多被注为"负"，但凭借顽强的精神和不屈的意志，在人生的蓝图上书写了大大的"正"字。

学会从目标思考，拨正磁南才能走对路

在我们身边，有很多人努力地生活，但到头来却一无所获，自己也弄得疲惫不堪。为什么？其中一个很重要的原因是很多人根本就没有选对努力的方向，也就是说他们一直在做无用功。

"没有比漫无目的地徘徊更令人无法忍受的了。"这是荷马史诗《奥德赛》中的一句至理名言。的确，对于任何人来说，方向都是最重要的。一个人如果没有明确的奋斗方向，那么，他的生活就会漫无目的；同样，如果一个人的方向是错的，那他的生活同样也会是糟糕一团。不管是没有方向还是人生的方向错误，这样的人注定会有一个失败的人生，恰如列夫托尔斯泰所说：一个人如果没有了方向，那他便没有了生活。

据报载，河南有一位文学青年，高考落榜之后便夜以继日地搞起诗歌创作来。他一篇篇地投稿，又一篇篇地被退回。他一气之下跑到新疆去发掘灵感，可是跑遍了所有的地方也没有人愿意收留他。他万念俱灰，饿了五天五夜，步履艰难地回到家里，因为无脸见人服了毒药，被抢救过来之后不但受到亲人们的责怪，父母亲还发誓以后再不认他。他沉痛地说："一个不幸的人选择了文学，而文学又给了我更多的不幸。"这位青年不能说他没有目标和远大的理想，甚至他还有坚持不懈、锲而不舍的毅力，但为什么落到了这般田地？

我们在为这位文学青年感到惋惜的同时，也得到了一个启示：一个人要想成功，努力固然重要，而更重要的则是选择正确的努力方向。因此，我们必须要时时检视自己的前进方向是否正确，一旦发现自己的所做偏离了方向，我们就应该勇敢地放弃，因为只有敢于放弃错的，我们才能拨正正确的指针。

也是一个年轻人，痴迷于写作。每天笔耕不辍，用钢笔把稿件誊写得清清楚楚，寄给天南地北的杂志、报刊，然而，投出的稿子不是泥牛入海，就是只收到一纸不予采用的通知。他很苦恼，拿着稿子去专门请教一位名作家。作家看了他的稿子，只说了一句话："你为什么不去练习书法呢？"五年以后，他凭着自己出众的硬笔书法作品加入了省书法协会。

成功需要坚持，但在发现自己撞到南墙的时候，我们就应该拐弯。或许有人说，我们要做到勇敢放弃并不容易。但是我们可以先从小事来训练自己，比如看一本书的时候尝试停一下，想想自己是否在浪费时间和精力，还要不要继续看下去？有了这样的尝试，我们便可以保证沿着正确的方向前进。

一粒种子的方向是冲出土壤，寻找阳光。而一条根的方向是伸向土层，汲取更多的水分。人生亦如此，正确的方向让我们事半功倍，而错误的方向会让我们误入歧途。那么，我们在生活中，怎样做才能找准自己的方向呢？

首先，要对自己有一个全面的了解。认清自己的优缺点，认清自己的长处与短处，然后根据自己的实际能力确立目标和方向。也就是说我们确立人生的方向是建立在对自身彻底了解的基础上，而不是空想。

其次，一个人的目标和方向并不是固定的。并不是说你确定了自己的奋斗方向之后就不能更改了，相反，我们要在实际生活中，不断修正自己的方向。必须要随时检查自己的方向是否有偏差，及时地发现存在的问题，及时地纠正偏差，寻找解决的办法，督促并鞭策自己走好下一步。

最后，我们一旦确认自己的方向错了，最好的办法就是停止。因为已经确定了自己的方向是错的，即使前进也不会到达目的地，何必再做无用功。与其白白浪费时间和精力，我们还不如充分利用这些时间去寻找正确的方向，再去努力。这样我们成功的机会才会增大。

上帝是公平的，它给予了我们每个人一样的天空、一样的阳光、一样的雨露、一样的每天 24 小时。成功的人之所以能实现生命的梦想，关键是他们在生命起程的那一刻就找准了前行的方向，尽管在前行的道路上，会遇到各种各样难以预料的挫折与磨难，但是有了方向的引领，再大的风雨也阻挡不了他们前行的勇气。

学会多角度思考，变中求通走出困境

变通是一种智慧，在善于变通的世界里，不存在困难这样的字眼。再顽固的荆棘，也会被他们用变通的方法拔起。他们相信，凡事必有方法去解决，而且能够解决得很完善。

一位姓刘的老总曾深有感触地讲述了自己的故事：

10多年前，他在一家电气公司当业务员。当时公司最大的问题是如何讨账。产品不错，销路也不错，但产品销出去后，总是无法及时收回货款。

有一位客户，买了公司20万元产品，但总是以各种理由迟迟不肯付款，公司派了三批人去讨账，都没能拿到货款。当时他刚到公司上班不久，就和另外一位姓张的员工一起，被派去讨账。他们软磨硬泡，想尽了办法。最后，客户终于同意给钱，叫他们过两天来拿。

两天后他们赶去，对方给了一张20万元的现金支票。

他们高高兴兴地拿着支票到银行取钱，结果却被告知，账上只有199900元。很明显，对方又要了个花招，他们给的是一张无法兑现的支票。第二天就要放春节假了，如果不及时拿到钱，不知又要拖延多久。

遇到这种情况，一般人可能一筹莫展了。但是他突然灵机一动，于是拿出100元钱，让同去的小张存到客户公司的账户里去。这一来，账户里就有了20万元。他立即将支票兑了现。

当他带着这20万元回到公司时，董事长对他大加赞赏。之后，他在公司不断发展，5年之后当上了公司的副总经理，后来又当上了总经理。

显然，刘总为我们讲了一个精彩的故事，因为他的智慧，使一个看似难以解决的问题迎刃而解了，因为他的变通，才使他获得不凡的业绩，并得到公司的重用。可以说，变通就是一种智慧。

生活中，学会变通，懂得思考才会有"柳暗花明又一村"的惊喜。事实也一再证明，看似极其困难的事情，只要我们用心去寻找方法变通，必定会有所突破。

委内瑞拉人拉菲尔·杜德拉也正是凭借这种不断变通而发迹的。在不到20年的时间里，他就建立了投资额达10亿美元的事业。

在20世纪60年代中期，杜德拉在委内瑞拉的首都拥有一家很小的玻璃制造公司。可是，他并不满足于干这个行当，他学过石油工程，他认为石油是个赚大钱和更能施展自己才干的行业，他一心想跻身于石油界。

有一天，他从朋友那里得到一则信息，说是阿根廷打算从国际市场上采购价值2000万美元的丁烷气。得此信息，他充满了希望，认为跻身于石油界的良机已到，于是立即前往阿根廷活动，想争取到这笔合同。

去后他才知道，早已有英国石油公司和壳牌石油公司两个老牌大企业在频繁活动了。这是两家十分难以对付的竞争对手，更何况自己对经营石油业并不熟悉，资本又并不雄厚，要成交这笔生意难度很大。但他并没有就此罢休，他决定采取变通的迂回战术。

一天，他从一个朋友处了解到阿根廷的牛肉过剩，急于找门路出口外销。他灵机一动，感到幸运之神到来了，这等于给他提供了同英国石油公司及壳牌公司同等竞争的机会，对此他充满了必胜的信心。

他旋即去找阿根廷政府。当时他虽然还没有掌握丁烷气，但他确信自己能够弄到，他对阿根廷政府说："如果你们向我买2000万美元的丁烷气，我便买你2000万美元的牛肉。"当时，阿根廷政府想赶紧把牛肉推销出去，便把购买丁烷气的投标给了杜德拉，他终于战胜了两个强大的竞争对手。

投标争取到后，他立即筹办丁烷气。随即他飞往西班牙。当时西班牙有一家大船厂，由于缺少订货而濒临倒闭。西班牙政府对这家船厂的命运十分关切，想挽救这家船厂。

这一则消息，对杜德拉来说，又是一个可以把握的好机会。他便去找西班牙政府商谈，杜德拉说："假如你们向我买2000万美元的牛肉，我便向你们的船厂订制一艘价值2000万美元的超级油轮。"西班牙政府官员对此求之不得，当即拍板成交，马上通过西班牙驻阿根廷使馆，与阿根廷政府联络，请阿根廷政府将杜德拉所订购的2000万美元的牛肉，直接运到西班牙来。

杜德拉把2000万美元的牛肉转销出去之后，继续寻找丁烷气。他到了美国费城，找到太阳石油公司，他对太阳石油公司说："如果你们能出2000万美元租用我这条油轮，我就向你们购买2000万美元的丁烷气。"太阳石油公司接受了杜德拉的建议。从此，他便打进了石油业，实现了跻身于石油界的愿望。经过苦心经营，他终于成为委内瑞拉石油界的巨子。

杜德拉是具有大智慧、大胆魄的商业奇才。这样的人能够在困境中变通地寻找方法，创造机会，将难题转化为有利的条件，创造更多可以脱颖而出的资源。美国一位著名的商业人士在总结自己的成功经验时说，他的成功就在于他善于变通，他能根据不同的困难，采取不同的方法，最终克服困难。

世上的事，常常是风云突变，叫人难以把握。我们很难知道未来是什么样子，很难知道明天我们将面临什么困难，也就经常陷入进退两难的困境。为了在困境中作出明智的决策，为了在生活中过得顺心，我们就要懂得应变的学问，要根据实际情况合理安排。只有做到了以变应变，才能让自己有更大的发展。

变是事物的本质，对于困难这部老爷车来说，变通就是最好的润滑油。对于善于变通的人来说，世界上不存在着困难，只存在着暂时还没想到的方法。因此，当我们面临人生的困境时，不妨换种思维，换种角度来对待，学会变通，走出困境。

第四章

化压力为生命的动力

不会与压力相处，就会陷入危机边缘

现代生活中，种种压力让很多人无法承受。诅咒压力、憎恶压力，在压力中消沉，甚至在压力中崩溃，选择一些极端的解决方式。这样的例子都不胜枚举。

压力到底是一种什么样的东西，可以有如此大的摧毁力。压力来自方方面面，学习的繁重、生活中的各种琐事、情感纠葛、人际紧张都可能造成压力，让你感觉到一种"备战状态"，精神高度紧张，随时等待着灾祸的发生。绝大多数社会人都面临着相似的境况，尤其是金融危机来临之后，大家都在担心自己的饭碗能否保得住、高额的房贷如何偿还、父母子女等待供养……可以说，承受着压力是一个现代人的常态。但问题是，一些人似乎能够承受，而另一些人却被压力击垮。究其原因，外部压力的大小只是很小的一部分原因，更大的原因来自于自我。

其实完全没有心理压力的情况是不存在的。如果你的生活失去了压力，那么"空虚"就会找上门来。无所事事，对生活失去兴趣的状态比高压状态更加不利于你的心理和生理健康。其实有很多生活在高压中的人能够笑对压力。

我国知名的心理咨询专家曾奇峰先生说过：心理压力是魔鬼与天使的混合体。它就像是能带给人心灵的和躯体的双重伤害的魔鬼。而另一方面，压力又能让我们保持较好的觉醒状态，智力活动处于较高的水平，可以更好地处理生活中的各种事件。

压力是一种常态，不会与压力相处的人就会打破这种状态，使自己的精神和身体就陷入崩溃的边缘。如何与压力相处，关键是承受者的心态和耐力。所以，与其在压力来临时诅咒它，不如从自身做起，改观心态，增强承受力。更重要的是找到适合自己的放松方式，轻松化解压力。

你也可以试试这些化解压力的办法：

1. 罗列出具体的压力源

你可以仔细思考自己到底有哪些压力，它是来自学习、生活、交际，还是其他方面，把让你感到困难的事情仔细写出来。一旦写出来以后你就会发现，了解了自己的具体所想就能化解掉一半的压力。

然后为这些事情排一个序，哪些是你必须马上要解决的，哪些是可以稍微放缓一下的。从重点开始逐个一一击破。

2. 自我心理暗示

通过积极地自我心理暗示，如告诉自己"这些都不算什么，我可以轻松解决"，或者训练思维"游逛"，如想象着"蓝天白云下，我坐在平坦绿茵的草地上""我舒适地泡在浴缸里，听着优美的轻音乐"。这些积极的暗示都能在短时间内让你平复心情，获得一些轻松之感。

3. 用运动来解压

适当的运动能够使人心情舒畅，像我们上文中说到的，杨澜就是采取滑雪的方式来缓解繁重学业所带来的压力。人在运动时，身体能够得到舒展和放松，大口地呼吸新鲜的空气，心理上也会产生相应的畅快感，是减压的一种不错的方式。

4. 为压力寻找合理的解释

这个方法是在你明确压力来自什么方面以后采取的，目的是增强心理承受能力。比如说当你与同学产生纠纷，感觉到对方增添了你的压力。这个时候你不妨想一想对方的处境，他可能最近面临着什么困境，所以情绪不稳定，因而与你产生了摩擦。这样一想，你就会觉得心里平和多了。

5. 寻求支持

当你觉得自己的心理压力过大，已经快超出承受范围的时候，可以适当地向亲戚、朋友、心理医生求助。倾诉可以缓解你的精神紧张，千万不要一个人硬撑。其实承认自己在一定时期软弱，然后通过外部有益的支持降低紧张、减弱不良的情绪反应是明智之举。

总而言之，压力是客观存在的。你不可能减掉所有的压力，但是把压力放在沙漏里，让它一点一点地囤积，又一点一点地漏下，你的生活就能找到平衡，心情就能平和。

与其逃避压力，不如正面回应

"压力就是动力。"这句话早已被当作真理灌输进我们的思维当中。当我们态度消极的时候，当我们对生活感到厌烦的时候，我们会说："给我点儿压力吧！这样我才会有前进的动力。"

事实上"压力就是动力"并非是一条真理。适当的压力的确可以产生动力，从而使自己的潜能得以发挥；而一旦压力超出了人体所能承受的范围，它不但不会产生动力，还会给人的身心带来巨大的损害。

任何人都会遇到压力，我们必须接受这些压力，把它当成现实生活中的一部分，尽力去排解它。与其逃避压力，不如正面回应它。面对压力，你有两种选择，你可以举白旗投降，承认你一点办法都没有；你也可以找出一条完全不同的新路径，试着用一种新的态度来处理压力，寻找到一个平衡点，把压力维持在一个有利的范围之内，这样你才能向成功迈进。

动力是推动自己勇往直前的力量。单纯地排解压力是远远不够的，你需要挖掘动力的源泉，让动力不断地推动你前进。

缓解压力的方法各不相同，但构成动力的元素却都一样，不外乎自信、乐观、不屈不挠、热忱，以及坚忍的耐力。自信使你相信自己具有达到目标的能力，乐观让你相信凡事都能有正面解决之道，不屈不挠才能一直向着目标努力，有了热忱和耐力才能享受过程中的快乐，不至灰心丧气、一蹶不振。这几个要素是相互促进、相辅相成的，只有共同运作，你才能获得到达目标的动力。

人的机体之所以能保持健康活泼，是因为人体的血液时刻在更新。同样，人之所以能在生活中始终保持积极状态，是因为有源源不断的动力。所以，每个人都应该时刻吸收新思想，把自己的动力激发出来，唯有这样，你才能真正得到成长。

那些满足现状，失去动力，对存在的问题视而不见的人，如果不转换自己的想法，他们绝对发现不了自身的不足之处，必定要走入失败的迷途。

美国的一位传媒大亨在一次公司会议上宣布要收购旧金山三家报纸。大家讨论时，老板故意问助理对现在的职位和薪水是否满足，那名助理回答说非常满足。老板十分失望地说："我可不愿意让我的任何一个下属满足现有的地位和收入，丢掉了工作动力，而中止他的发展前途啊！"

没有动力的人，太容易满足，这样的人一生只会机械地做事。只有卓越的人，才会努力挖掘自己的动力，努力进取，从一个胜利走向另一个胜利，从一次辉煌走向另一次辉煌。

不能把所有的压力都看成动力，只有把向下的压力反转过来才能把它变成向上的动力。学会缓解压力，寻找推动自身发展的动力，这样你将会成为生活的主人。

对手的压力是我们前进的加力挡

竞争对手我们在生活中经常会遇到，但我们应该如何去对待我们的对手呢？许多人都视对手为眼中钉、肉中刺，欲除之而后快。其实那是非常错误的，对手确实给我们带来很多压力，但是如果没有对手，就意味着我们没有压力，没有了压力，我们便会失去动力，失去了前进的动力，也许我们就会走向极端，走向灭亡。

一位名叫朗凯宁的作家曾写过一篇名叫《对手》的小说：

志和文成为对手，是因为一个女同学。那是在读大学二年级的时候，他俩同时爱上了一个叫颖的女同学。颖是中共党员，她对他俩的条件要求非常明朗：谁成为一名中共党员，她就嫁给谁。

于是，志和文同时向党组织交了入党申请书。一年后，志成为一名党员。当文第二次向党组织递交申请时，志在讨论会上说文动机不纯，他是为了爱情。也许是命运注定，毕业后，他俩被分配在同一部门工作。他俩的争斗让颖生厌，结果谁也没有得到颖的爱情，得到的只是彼此的怨恨。这怨恨使他俩留一个心眼去盯对方，一旦发现对方有什么纰漏，就毫不留情地捅出去。他俩的目标很明确。

志当上股长的时候，文无可挑剔地加入了中国共产党。

志无可挑剔地当上科长的时候，文也同样当上了股长。

他俩就这么相互盯着，相互攀升。

当志当上了处长时，文也当上了科长。

志当处长，有许多人送钱送礼物给他，他不敢要，他觉得文的一双眼睛盯着他。一次，他实在忍不住，心动了，收了人家送来的3000元。夜里，他做了个梦，梦见文高兴得哈哈大笑，说："这回你完了，3000元已经够处罚条件了，你完了。"他吓出一身冷汗，第二天就把钱送到纪检部门去了。

文的机会也同样多。

……

就这样，他们以无可争议的清廉和才干，上了更高的职位，且得到了人们的尊敬。

眼下，他俩都到了要退休的年龄。

一天，两人相见，互望着对方，禁不住紧紧拥抱，且激动得热泪盈眶。是的，没有这样的对手，谁敢说途中会怎样？

一生平安，得益于对手的"呵护"。

他们都深深地感激对方。

其实我们无论何时都应该感激对手，只有对手才让我们有危机感，我们才会不断地进取，以获取最大的成功。没有对手我们就不会有进步，没有对手我们就不会有今天的成就，没有对手我们就不会走向成功的道路。所以，善待我们的对手吧！千万别把对手当成自己前进的"绊脚石"，而应该把他当作自己的一剂强心针，一台推进器，一个加力挡，一条警策鞭。欢迎你的对手，拥抱你的对手，因为他们的存在，才让我们成为一只旋转得越来越快的陀螺。

以一颗平常心对待同学间的竞争

竞争无处不在，我们的学习中也充满了竞争，它就像是把"双刃剑"，用好了利人利己，可以大大促进自己的学习；用不好则会误人误己，不仅会阻碍自己的学习，还会影响到同学之间的感情。因此，对于竞争我们要有一个清醒的认识。

同学之间的良性竞争能激发学生强烈的成就感和进取心，促进学生顽强拼搏，同时也会给同学带来快乐，注入新的活力。要改掉在学习中采取恶性竞争的方式，破坏同学之间友谊的坏习惯。

在一个班级里，学习成绩、文体比赛、劳动竞赛，甚至课余爱好，都会使同学之间产生竞争。但是，在学生的心目中，最普通也最"残酷"的还是学习成绩上的竞争，也就是在考试分数上比高下。本来如果把竞争发挥好了，的确是一件很有益的事，但有些同学为了实现这一目标，使用的却是消极竞争的策略。比如，有的同学为了麻痹自己的竞争对手，就在班里故意不学习，装出一副很轻松的样子，但是回家后却加班加点"开夜车"；有的同学把学习上的竞争泛化到与同学的一般交往上，不仅在心理上嫉妒对方，而且还会表现出轻视对方的各种言行，甚至有时会在背后诋毁别人。这种消极竞争的做法，其实是一种心胸狭窄、不会学习的表现，是我们学习路上的"拦路虎"，它不仅使我们无法获得真正的友谊，而且也无法吸收、借鉴别人的长处，另外它还会影响我们的身心健康。

积极的竞争应是在一种友好的氛围中进行的，它能够实现自己和同学成绩的共同提高，而不是自己上去了，却把同学踩下来。因此，会学习的同学必须彻底抛弃这种狭隘的消极竞争，学会积极竞争。

王玉玲同学，2001 年高考河北省保定市第二名，她就认为，自己之所以能从一个小县城里脱颖而出，在很大程度上得益于自己的竞争对手。"是这些竞争对手不时地鞭策我、激励我，使我在成绩面前不骄傲，在失败面前不沉沦。"

的确如此，在积极的竞争中，人们的自尊需要和自我实现的需要更为强烈，克服困难的意志更加坚决，争取胜利的信念也更加坚定。当你和某一个同学成为学习上的竞争对手时，你的学习目标就会非常明确，课堂中的每一次提问，每一次作业的质量，每一次考试的成绩等，你们都会比一比，从而使你每天的学习目标都很明确，不敢使自己有任何松懈，潜能因此而得到了充分的发挥。

同学之间的竞争是不可避免的，那么，我们该如何对待才能既收到竞争的良好效果，又避免竞争可能带来的心理伤害呢？

教育专家告诉我们：对待同学之间的竞争的正确态度应该是：既不回避竞争，也不盲目竞争——竞争的目的不是压低别的同学，而是提高你自己，它要求我们必须做到如下几点：

1. 借助竞争激发潜力

在竞争的条件下，人们的自尊需要和自我实现的需要更为强烈，对于竞争活动会产生更加浓厚的兴趣，克服困难的意志更加坚定，争取优胜的信念也更加强烈。我们要从主观上认识到这些，树立起一种积极的心态，为了取得竞赛的优势，全力以赴，充分发挥自己的能量与创造性。

2. 找到适合于自己的目标

竞争的目标应该是有层次性的多样化的，如果只盯住顶尖的位置，或者只在自己不擅长的方面与人争锋，势必经常遭受挫折和失败，易使人产生挫折感、失败感与自卑感。所以，我们应根据自己的实际情况，找到适合于自己的目标。这个目标不会唾手可得，需要我们付出努力，但又不是可望而不可即的。

3. 学会与自己竞争

从前的你和现在的你肯定不一样，你的将来也不会和现在一样。因此要学会对自己做纵向比较，看自己哪些方面进步了，还能取得什么进步，这也是一种竞争。而且，这种竞争有助于你正确看待同学之间的竞争。

4. 抱着合作的态度参与竞争

这才是真正的明智之举，不仅获得了竞争的动力，而且避免了对同学采取嫉妒、贬低和仇视的态度，有助于维护同学间的友爱关系及集体精神。

5．适时的心理调整

当竞争过频或过强，就容易产生紧张、忧虑、自卑等消极的情绪体验，不利于自己的身心健康。如果出现这样的情况，可以通过适当降低竞争目标、改变竞争对手、转移竞争取向等措施，及时地加以调整，以消除过分紧张的心理压力。

其实，合作与竞争是相辅相成的，只有把两者有机地结合起来，在"比、学、赶、帮、超"的氛围中，竞争双方的学习才能得到最大程度的提高。因此，具体到自己的学习中，一方面是努力超过对方，另一方面也要和同学友好相处，你有问题可以诚心地问他，他有问题来问你的时候，你也应该认真给予帮助，如果两人都不能解决，可以在一块儿共同研讨。

尽管如此，真正的竞争还是自己与自己的竞争，超越昨天的自己，才是真正的竞争取胜。

总之，我们要正确对待同学之间的竞争，既要保持一种锐意进取的精神状态和斗志，又要保持一颗平常心。让竞争朝着积极、良性的方向发展，并以此来激励和促进我们的学习。

竞争与友谊是并行不悖的，它们并没有本质上的冲突。在与同学的竞争中，我们应向竞争对手伸出友谊之手；同学向我们借笔记或请教我们时，应给予热情帮助。从而做到彼此激励，相互竞争，共同攀登，形成一个和睦、友好、互助的良好氛围，实现学习的共同进步。

有所背负，反而能够走得更远

老子说："重为轻根，静为躁君，是以君子，终日行不离辎重，虽有荣观，燕处超然。奈何万乘之主，而以身轻天下，轻则失根，躁则失君。"这句话的意思是，厚重是轻率的根本，静定是躁动的主宰。因此君子终日行走，不离开满载行李的车辆，虽然有美食胜景吸引着他，却能安然处之，因其有备无患，所以行走自如、泰然自若。无奈的是大国君主却以轻率躁动治天下，须知轻率就会失去根本，急躁就会丧失主导。

"重为轻根"的"重"字，可以作为厚重沉静的意义来解释，重是轻的根源，静是躁的主宰。"圣人终日行而不离辎重"，并非简单指旅途之中一定要有所承重，而是要学习大地负重载物的精神。大地负载，生生不已，终日运行不息而毫无怨言，也不向万物索取任何代价。生而为人，应效法大地，拥有为众生担负起一切苦难的心愿，不可一日失去负重致远的责任心。

有人说，世界上只有两种动物能到达金字塔顶。一种是老鹰，还有一种就是蜗牛。鹰矫健、敏捷、锐利；蜗牛弱小、迟钝、笨拙。鹰残忍、凶狠，杀害同类从不迟疑；蜗牛善良、厚道，从不伤害任何生命。鹰有一对飞翔的翅膀，蜗牛背着一个厚重的壳。与鹰不同，蜗牛到达金字塔顶，主观上是靠它永不停息的执着精神，客观上则应归功于它厚厚的壳。蜗牛的壳，非常坚硬，它是蜗牛的保护器官。据说，有一次，一个人看见蜗牛顶着厚重的壳艰难爬行，就好心地替它把壳去掉，让它轻装上阵，结果，蜗牛很快就死了。正是这看上去又粗又笨、有些负重的壳，让小小的蜗牛得以万里长征，到达金字塔顶。有时，有所背负，反而能够走得更长久。

志在圣贤的人们，不是老鹰反而是那蜗牛，始终戒慎畏惧，有所承载，内心随时随地存在着济世救人的责任感，而沉重的责任感正是他不躁进、不畏惧的保护壳，可以游刃有余地做到功在天下、万民载德，继而得到荣光无限的美誉。

道家老子的哲学，便看透了"重为轻根，静为躁君"和"祸者福之所倚，福者祸之所伏"这种自然正反博弈演变的法则，所以才提出"虽有荣观，燕处超然"的告诫。

虽然处在"荣观"之中，仍然恬淡虚无，不改本来的素朴；虽然燕然安处在荣华富贵之中，依然超然物外，不以功名富贵而累其心。唯大英雄能本色，是真名士自风流。因为大英雄是最本色的，行为上往往不是出人意表，而是再自然不过，就好像一个绝顶聪明的人外表非常笨拙一样。保持平凡质朴，还原真实本色，才是真正的大人物。然而能够到此境界的人却非常少，大多数人总以草芥轻身而失天下。

有两个空布袋，想能够站起来，便一同去请教上帝。上帝对它们说，要想站起来，有两种方法，一种是得自己肚里有东西；另一种是让别人看上你，一手把你提起来。于是，一个空布袋选择了第一种方法，高高兴兴地往袋里装东西，等袋里的东西快装满时，袋子稳稳当当地站了起来。另一个空布袋想，往袋里装东西，多辛苦，还不如等人把自己提起来，于是它舒舒服服地躺了下来，等着有人看上它。它等啊等啊，终于有一个人在它身边停了下来。那人弯了一下腰，用手把空布袋提起来。空布袋兴奋极了，心想，我终于可以轻轻松松地站起来了。那人见布袋里什么东西也没有，便一手又把它扔了。

所谓"轻则失根"人们不能自知修身涵养的重要，犯了不知自重的错误，不择手段，只图眼前攫取功利，不但轻易失去了天下，同时也戕害了自己，触犯了"轻则失根，躁则失君"的大病。

人的生命价值，在于其身存于尘世，能够志在天下，建丰功伟业，正是因为这样的人身有所存。有了能够施展作为的身体的存在，人就更应该戒慎恐惧，不可飘飘忽忽、自以为然，如此才可燕然自处而游心于物欲以外。

普通人虽然不求谋天下大众之利、立大功大业，但需要淡看自己的能耐，不要迷于绚烂，不要过分执着，平淡才是真英雄，古今中外，天下最成功的人就是老实人。

第五章

找回恐惧带走的那些美好

直面内心的恐惧

我们的生命伴随着恐惧而成长。这样的经历你一定也曾有过：在我们年幼的时候，我们总有一种怕被父母遗弃的恐惧，总是想把他们锁定在自己的视线之内；在漆黑的夜晚，我们总是不敢一个人出门，总会竖起耳朵专心地倾听黑暗中的各种响动；不论在课堂上，还是在会议上，当所有的目光都集中在你一个人的身上时，我们的血液开始涌向脑门，紧张得语无伦次，不知所云，甚至小腿发软，内心忐忑不安；我们总是担心别人的目光，害怕他人的评价，害怕他人对我们的身材、长相、言谈举止作出负面的评价；受到了挫折，被他人欺骗，我们总是认为这个世界上没有可以信赖的人，每个人都对自己充满恶意；意外的灾难中，我们自己、我们的亲人、朋友遭受了巨大的不幸，甚至被死神带走了生命，每次提及此事，我们都痛不欲生，对往事万分恐惧……

事实上，或许很多事情根本没有我们想象的那么恐惧，或者说很多时候，我们只是在自己吓唬自己。但是不得不承认，如果一个人总是喜欢吓自己，那么，他的处境就会越来越糟糕。在他们眼里，即便是很小的一点事情，他们也会想得很严重，这是一种多么可怕的生活方式。

的确如此，恐惧让我们的心情低落，始终处于失望之中。在恐惧的压力下，我们失去了行动的勇气和力量，无法集中精神坚持我们所要做的事情。因此，我们要走出失望，就必须要消除恐惧，那么，消除恐惧的唯一办法就是直面内心的恐惧。

约翰曾经是美国军队的一名牧师。第二次世界大战的时候，他乘坐的飞机被敌军击落，约翰跳伞落到了新几内亚高山的丛林里。他当时害怕极了，但是约翰知道，恐惧有两种，正常的恐惧感和不正常的恐惧感。此时，试图控制住他的，正是那一种不正常的恐惧感。他决定立刻消除这种恐惧心理。他想起一句话：当你感到害怕的时候，要勇敢地面对恐惧，盯着它看，直视它的眼睛，那时，恐惧自然就会慢慢败退消失。于是他对自己说："约翰，你不能向恐惧投降，你所渴望的是安全获救，你会有出路的。"他站在一条小路上，让自己的呼吸平静下来。当他感到放松下来的时候，他便开始祈祷了："无限智能啊，你将飞机引到了这条路上来，现在，你将引导我走出丛林，让我安全获救。"他这样大声地对自己喊了10多分钟之后，开始寻找出路。不一会儿，约翰就发现小路的另一头，在那儿有一条道路，于是他就开始沿着那条路走，走了两天后，奇迹般地看到了一个小村庄，村里的人很友好，他们给约翰吃的并把他带出了丛林。最终，约翰被一架救援飞机接走了。事后，约翰对朋友说："如果我当时抱怨自己的命运，沉湎于恐惧的情绪中，屈从于死亡般的恐惧，也许我就会真的死于饥饿和恐慌。"

恐惧伴随着我们的生命。我们唯有直面它，培养与之抗衡的力量：信任、希望以及爱，才有机会打败它，进而掌握自己的命运。

要直面内心的恐惧，心理学家曾给我们提出一条很好的建议：拿出一张白纸，把让你恐惧的事情或者是画面写下来，然后对着那张纸说：我要忘记你，我要把你撕碎。之后，把这张纸一点一点地撕碎。在心里想象：我已经忘记了昨天的恐惧，我能面对明天的希望，我再也不去想以前的事了。

还有一种更为直接的直面恐惧的做法，就是向别人说出你的恐惧，通过向他人寻找安慰或者是寻找正面的力量，让自己摆脱恐惧。

5月12日汶川大地震发生时，家住在都江堰的小柯正在教室上课。突然，教室晃得很厉害，他撒腿就往楼下跑。等到他跑到操场回头看时，四层的教学楼刹那间被夷平了。小柯愣住了，但他并没有哭。之后好几天，他都不怎么说话。有人知道他是第一个逃出的孩子后，就会问他："当时，你怕不怕？"小柯总是摇头。

地震后的第八天，心理医生遇到了小柯，想和他握手，但小柯并没有把手伸出来。基于这一点，心理医生判断，这小孩儿心理出事了！

有了这个判断后，心理医生不断地找话题，和小柯聊天，并且拥抱他。开始小柯只是安静地听着，很少回应。第二天上午，心理医生再去找他时，他腼腆地笑了笑。

不断沟通后，小柯终于愿意讲话了，说起了当时的经历，说了原来的生活，逐渐熟悉后，心理医生对小柯说："你画张画给叔叔留念吧！把你想说的，把你的希望都画在画上。"

于是，小柯画了幅画：一个孩子孤零零地站在高楼上，周围有树、有花、有太阳，但就是没有人……看到这幅画，心理医生的眼睛湿润了，他知道，孩子的心其实受到了伤害。他对小柯说："害怕不是错，有什么就说出来。"这时，似乎压抑了许久的小柯才说："叔叔，其实我害怕！"说着，泪如雨下。医生把孩子抱在怀里，孩子的恐惧终于释放了出来。

把恐惧掩埋在心底是一个不理智的举动，长期处于恐惧当中，会让一个人变得麻木、自闭，充满焦虑感和不安全感。如果能把内心的想法讲出来，充分表达内心的感受，尽量宣泄负面的情绪，打开自己的心，大声哭出来，把悲伤发泄出来，这样我们的心灵才不会负担那么多痛苦。

事实上，要彻底摆脱恐惧，除了要直面恐惧外，还要和亲人朋友们在一起，时刻不间断之间的情感交流。当心理有恐惧的时候，要相互安慰、相互鼓励、相互依靠，有了爱的陪伴，充满恐惧的心灵才会得到逐渐的安抚。

找到你恐惧的原型，就没有什么好怕的

古罗马有句箴言："恐惧之所以能统治亿万众生，只是因为人们看见大地寰宇，有无数他们不懂其原因的现象。"中国宋朝理学家程颢、程颐也说出了相同的意思："人多恐惧之心，乃是烛理不明。"亚里士多德说得更明确："我们不恐惧那些我们相信不会降临在我们头上的东西，也不恐惧那些我们相信不会给我们招致那些事的人，在我们觉得他们还不会危害我们的时候，是不会害怕的。"

因此，恐惧的意义是：恐惧是由那些相信某事物已降临到他们身上的人感觉到的，恐惧是因特殊的人，以特殊的方式，并在特殊的时间条件下产生的。显然，恐惧产生于惧怕，但惧怕的形成源于无知，源于对已经历或未经历的事的不认识。

无论作为个人还是作为社会，恐惧都是我们今天面对的最大的挑战之一。恐惧既让我们无法充分地展示自我，同时又阻碍着我们爱自己和爱他人。没来由的、荒谬可笑的恐惧会把我们囚禁于无形的监牢里。

然而，恐惧有时也可以为我们所用。某些恐惧对于自我的保护仍是必要的。对危险的本能的直觉可以提高我们的警惕，帮助我们调动一切手段来使我们免受伤害。

在危险的环境中，倘若我们丧失了警惕，我们就可能闯进"连天使也害怕涉足的境地"。如今，先进的通讯技术把世界各地发生的事件送进每个家庭，我们已经可以了解到其他地区的文明，于是，我们对不可知物的恐惧与无知的阴影已逐渐消失。

夏天的傍晚，有个人独自坐在自家后院，与后院相毗邻的是一片宁静的森林。这人的目的，就是要在接近大自然的环境中放松放松，享受一下黄昏时分的宁静。天色渐渐暗下来，他注意到，树林里的风越刮越大了。

于是他开始担心，这样的好天气是否还能保持下去。接着，他又听到树林深处传来一些陌生的声音。他甚至猜想，可能有吃人的动物正向他走来。不大一会儿，这个人满脑子都是这种消极的想法，结果变得越来越紧张。这个人越是让怀疑和恐惧的念头进入他的头脑，他就离享受宁静夏夜的目标越远。

这个人的体验很好地验证了布赖恩·亚当斯的生活法则："恐惧是无知的影子，若抱有怀疑和恐惧的心理，势必导致失败。"

很多时候，恐惧其实并不能伤害我们。在忐忑不安的心绪的支配下，一种自然而然的焦虑就会在我们的心中积聚起来，转化为恐惧和惊慌失措。在这种情况下，我们就不能充分地享受生活了。因此要战胜内心的恐惧，我们所要做的就是从内心上正视自己的恐惧，认清它的荒唐无稽之处，然后毫不犹豫地甩掉它，轻轻松松、潇潇洒洒地生活。

恐惧是人生命情感中难解的症结之一。面对自然界和人类社会，生命的进程从来都不是一帆风顺、平安无事的，总会遭到各种各样意想不到的挫折、失败和痛苦。当一个人预料将会有某种不良后果产生或受到威胁时，就会产生这种不愉快情绪，并为此紧张不安、忧虑、烦恼、担心、恐惧，程度从轻微的忧虑一直到惊慌失措。

《直面内心的恐惧》一书的作者弗里兹·李曼整理了4个恐惧的原型：

1. 害怕失去自我，避免与人来往；
2. 害怕分离与寂寞，百般依赖他人；
3. 害怕改变与消逝，死守着熟悉的事物；
4. 害怕既定的事实与前后一致的态度，专断自为。

找到你恐惧的原型，针对它进行有意识的训练和改变，我们还有什么可以恐惧的理由呢？

你恐惧的事，其实没那么可怕

恐惧是我们每个人都会面临的考验，小时候，我们害怕一个人睡，因为黑黑的小房间让我们浮想联翩，我们总是认为除了自己之外，房间里还有其他的小生物甚至魔鬼的存在，只好瞪大眼睛，望着无边的黑暗，耳朵仔细聆听着有无不祥的声音。实在撑不下去，就用被子把自己包得严严实实，哪怕是七八月的炎热天气，也宁愿出一身大汗，不愿去独自面对黑暗。除了畏黑，还有畏高、畏病、畏陌生人，等等，甚至古怪的恐惧感也有。有些女人最大的恐惧莫过于面对年华的老去，恐惧眼角开始出现的皱纹，恐惧日渐粗糙的皮肤。于是整日喋喋不休，抱怨连连，让自己的精神时刻处于紧张之中。于是恐惧加剧，症状加剧，恐惧彻底主宰了她们的生活。

事实上，很多恐惧都是可以无所谓的，比如上面讲到的很多女性担心自己老去，其实人人都会老去，我们完全没有必要恐惧。就像余秋雨笔下所说的那样，老就老了吧，安详地交给世界一副慈祥美，不也别有一番韵味。

恐惧无处不在，选择逃避它，我们将会永远受制于它；而选择面对它、克服它，我们则可以不断成长、成熟，一步步走向成功。

沈丹是一位十分优秀的女性，原先做行政方面的工作，在一个偶然的机会中，她决定向销售业务领域发展。刚接到工作时，她觉得自己不是太适应，心中萌生去意。

"我真的不合适，勉强拖下去，对公司、对自己都没好处。"她向朋友解释。

"才短短几个月，可能是还不适应吧！"朋友劝告她，"当初也是考虑过才决定转行的，如今还不到一年的工夫，做业务销售的资历不够完整，轻言放弃太可惜了。"

听了几位比较资深的朋友的分析，加上同事们的挽留，沈丹决定留下来再试试看。半年过去了，大家都觉得她做得不错，业绩也大大提升了。

最后沈丹对朋友说："当时我被新的工作折磨得身心疲惫，等去尝试后才发现，恐惧其实都是因为自己不够勇敢，那些'不适应'都是我逃避恐惧的借口。还好，我已经不再恐惧了！"

当我们鼓起勇气观察困难时，就可以看得出恐惧的双重面孔：因为心怀勇敢，我们积极迎战；因为害怕不已，我们麻痹瘫痪。当你害怕，没有别的办法时，就让自己去面对。尝试之后，你会发现，那些让你感到恐惧的事，也许根本没有那么可怕。

对于那些经历生死的人来说，暂时的恐惧和害怕是很正常的，但是，恐惧之后，我们应该学会坚强与勇敢，努力使自己忘记伤痛。突如其来并非最可怕，最可怕的是我们成为软弱的灵魂，轻易就被恐惧打倒。

如果你怕黑，那么就请准备一束光吧，时刻放在心里面，藏在眼里面，当黑暗真的来临时，就用这束光把黑暗照亮。树木的新芽，会在被切除树干的地方生长出来；心中的热爱与希望，会在挫败与困顿的地方加倍滋长。

别跟着身边的人诚惶诚恐

很多人对一些本来并不可怕的事情产生一种紧张恐怖的情绪。他们自己也能意识到这种恐惧是没有必要的，甚至能意识到这是不正常的。但就是不能控制自己，就算是尽了很大努力也依然无法摆脱，仍是感到极度不安，这是为什么呢？

许多人对一切都怀着畏惧之心：他们怕风，怕着凉；他们怕经营时赔钱；他们怕人言，怕舆论；他们怕贫困生活的到来，怕失败，怕雷电，怕暴风……总之，他们的生命充满了怕的情绪。这些负面情绪直接影响了他们对自己的认识，让他们不断错失提升自己。人就是在这种低落中与成功渐行渐远。

不仅如此，他们还跟着身边的人诚惶诚恐。跟着身边的人诚惶诚恐有百害而无一利。在这个时候，我们应该告诉自己，不要轻易被别人的情绪影响。

要是我们身边的人总是诚惶诚恐，我们也会跟着烦闷、跟着心慌。有的时候，就连公众场合或者他人身上的恐惧都会传导给我们自己，这就十分可怕了。

所以，在这个时候，我们就要学会量力而行，不是每个人都有能够安慰他人和分担他人痛苦的能力。能为他人分担忧愁固然是好的，但如果失败，就很可能多一个继续传播恐惧的人。

因此，当恐惧突然出现的时候，我们要问问自己：这种恐惧是来源于自身还是他人？如果是来源于自身，冷静地面对就行了。如果不是，那就要找出真正的原因。例如，我们正在看一部喜剧片，心中却突然感到一阵恐惧，那么，一定是坐在我们身边的人影响了我们。这是因为，在近距离的情况下，能量场会互相传递。

既然，跟着身边的人诚惶诚恐百害而无一利，那么，我们该如何分离恐惧感呢？

　　至少与恐惧源的能量场保持一定的距离。保持一定的距离就是不要随意侵犯别人的私人空间，同时也保护好自己。之后，调整自己的呼吸，让自己尽量平复下来。最后，摊开自己的手掌，集中精神，用心中那些正面的能量去排除心里的垃圾。

不要因害怕犯错而恐惧

在这个世界上，每一个人都经历过无数次的失败。当然，也包括富人在内，他们的成功也并非是一帆风顺的。没有人不想成为富人，也没有人不想拥有财富，但很多人在追求财富的过程中要么被困难打败，要么对挫折望而却步、半途而废。

金融家韦特斯真正开始自己的事业是在17岁的时候，他赚了第一笔大钱，也是第一次得到教训。那时候，他的全部家当只有255块钱。他在股票的场外市场做掮客，在不到一年的时间里，他发了大财，一共赚了168000元。拿着这些钱，他给自己买了第一套好衣服，在长岛给母亲买了一幢房子。

但是这个时候，第一次世界大战结束了，韦特斯以为和平已经到来，就拿出了自己的全部积蓄，以较低的价格买下了雷卡瓦那钢铁公司。

"他们把我剥光了，只留下4000元给我。"韦特斯最喜欢说这种话，"我犯了很多错，一个人如果说他从未犯过错，那他就是在说谎。但是，我如果不犯错，也就没有办法学乖。"这一次，他学到了教训。"除非你了解内情，否则，绝对不要买大减价的东西。"他没有因为一时的挫折而放弃，相反，他对此总结了相关的经验，并相信他自己一定会成功。

后来，他开始涉足股市，在经历了股市的成败得失后，他已赚了一大笔。1936年是韦特斯最冒险的一年，也是最赚钱的一年。一家叫普莱史顿的金矿开采公司在一场大火中覆灭了。它的全部设备被焚毁，资金严重短缺，股票也跌到了3分钱。

有一位名叫道格拉斯·雷德的地质学家知道韦特斯是个精明人，就游说他把这个极具潜力的公司买下来，继续开采金矿。韦特斯听了以后，拿出35000元支持开采。不到几个月，黄金挖到了，离原来的矿坑只有213英尺。

这时，普莱史顿股票开始往上飞涨，不过不知内情的海湾街上的大户还是认为这种股票不过是昙花一现，早晚会跌下来，所以他们纷纷抛出原来的股票。韦特斯抓住了这个机会，他不断地买进、买进，等到他买进了普莱史顿的大部分股票时，这种股票的价格已上涨了许多。

这座金矿，每年毛利达250万元。韦特斯在他的股票继续上升的时候把普莱史顿的股票大量卖出，自己留了50万股，这50万股等于他一个钱都没有花。

韦特斯的成功告诉我们：不要害怕犯错，不要害怕失败，人类的成功很少是能够一蹴而就的，这往往是需要我们从错误中汲取经验和教训。

其实，当我们要面对自己所犯下的错误时，如果换个角度来看问题就不一样了：世界上根本就没有所谓的失败，只有暂时的不成功。这也正是富人们的信条，正是因为在他们的字典里没有"失败"，他们才不会放弃，才会继续努力，他们知道不成功只是暂时的，总有一天他们会成功！

那么，我们怎样来纠正自己的对待犯错的态度和观点呢？

1. 犯错不是世界末日，别把错误看得太重

我们或许无法控制犯错的行为，但是我们却能为自己的犯错观念寻到一个正确的导向。关注事物的过程，而非单纯的结局，是一种将可能出现的错误带来的打击降到最低的方法。这样，有可能增强我们做事的能力，并减小这个过程中出现的焦虑。用轻松自在的态度去做一些事情，尤其是当自己把握不大的时候。就像有人说的——"我认识到我不必完美。我将经常犯错误。那又怎么样？我可以从错误中学习，所以没有什么可担忧的。"

2. 我们必须认识到犯错的不可抗力和客观性

犯错误是好的，因为这样的话我们就可以学习了——事实上，如果我们不犯错的话，我们就无法学习。谁也不能避免犯错——而且由于错误经常发生，所以我们要接受它，并要从其中学习。

3. 别总认为一个小细节能够彻底地颠覆全局

有人害怕犯错，因为他是用一种绝对的、完美主义的态度来看待

事情的——一旦犯错全盘皆毁。这种看法是错误的。一个小错当然不可能毁坏整体的完美。

4．认识到犯错的有利一面

我们的错误有助于我们调整我们的行为，这样我们就可以得到我们更满意的结果——所以我们说错误最终使我们更加快乐，让事情变得更加漂亮。

5．犯错并不总是会影响到我们的形象，从而让别人对自己失望

大部分人不会因为我们犯错而发疯或不喜欢我们——他们也出错，大部分人都不喜欢追求"完美"的人。

第六章
生气是用别人的错误惩罚自己

发怒只能让事情变得越来越糟

如果你很容易发怒的话，那么就说明你可能还有一些难以解决的问题压在心头。你需要找出这些问题，然后设法摆脱它们，继续前进。有人说，生气是拿别人的错误惩罚自己。真正聪明的人，学会从他人的怒火中取得温暖，而不是顺着他人的怒气燃烧自己。

有一次，一位管理员为了显示他对富兰克林一个人在排版间工作的不满，把屋里的蜡烛全部收了起来。这种情况一连发生了好几次。有一天，富兰克林到库房里赶排一篇准备发表的稿子，却怎么也找不到蜡烛了。

富兰克林知道是那个人干的，忍不住跳起来，奔向地下室，去找那个管理员，当他到那儿时，发现管理员正忙着烧锅炉，同时一面吹着口哨，仿佛什么事情也没发生。

富兰克林抑制不住愤怒，对着管理员就破口大骂，一直骂了足有5分钟，他实在想不出什么骂人的语句了，只好停了下来。这时，管理员转过头来，脸上露出开朗的微笑，并以一种充满镇静与自制的声调说："呀，你今天有些激动，是吗？"

他的话就像一把锐利的短剑，一下子刺进了富兰克林的心里。

富兰克林的做法不但没有为自己挽回面子，反而增加了他的羞辱。他开始反省自己，认识到了自己的错误。

富兰克林知道，只有向那个人道歉，内心才能平静。他下定决心，来到地下室，把那位管理员叫到门边，说："我回来为我的行为向你道歉，如果你愿意接受的话。"

管理员笑了，说："你不用向我道歉，没有别人听见你刚才说的话，我也不会把它说出去的，我们就把它忘了吧。"

这段话对富兰克林的影响更甚于他先前所说的话。他向管理员走去，抓住他的手，使劲握了握。他明白，自己不是用手和他握手，而是用心和他握手。

在走回库房的路上，富兰克林的心情十分愉快，因为他鼓足了勇气，化解了自己做错的事。

从此以后，富兰克林下定了决心，以后绝不再失去自制，因为凡事以愤怒开始，必以耻辱告终。你一旦失去自制之后，另一个人——不管是一名目不识丁的管理员，还是有教养的绅士，都能轻易地将你打败。

在找回自制之后，富兰克林身上也很快发生了显著的变化，他的笔开始发挥更大的力量，他的话也更有分量，并且结交了许多朋友。这件事成为富兰克林一生当中最重要的一个转折点。成功后的富兰克林回忆说："一个人除非先控制自己，否则他将无法成功。"

愤怒是一种情绪状态，按照强度不同可分为轻微的愤怒、强烈的愤怒，甚至暴怒。

在日常生活中，引起愤怒的原因很多，每个人都不可避免地会产生愤怒的情绪体验。愤怒是一种有害的情绪状态，常常会给人带来意想不到的麻烦，如导致同学关系疏远、师生关系紧张，而且长期、持续的愤怒对个体的健康损害也是极大的。《内经》上说："喜怒不节，则伤脏，脏伤则病起。"经常发怒的人，容易患高血压、冠心病，而且可使病情加重，甚至危及生命。愤怒可使食欲降低，影响消化，经常发怒可使消化系统的生理功能发生紊乱。愤怒还会影响腺体的分泌功能。过度的愤怒甚至还会使人丧失理智，引发犯罪或其他后果。因此，控制愤怒的情绪十分重要。

事实上，学会舒缓愤怒，也是一个人高情商的表现。养生贵在戒怒，戒怒就是怡养身心，尽量做到不生气、少生气，性情开朗，心胸开阔，宽厚待人，谦虚处世。这样不仅有益于身心健康，也利于提高自己的道德修养和思想水平，于人于己都有益。

以下几种方法，可以帮助你平息愤怒的火焰。

1. 深呼吸

深呼吸后，氧气的补充会使你的躯体处于一种平衡的状态，情绪会得到一定程度的控制。虽然你仍然处于兴奋状态，但你已有了一定的自控能力，数次深呼吸可使你逐渐平静下来。

2．愤怒时，幽自己一默又何妨

在愤怒情绪一触即发的危险关头，你可以用自嘲的方法，从自己多疑的性情中寻找乐趣，幽默是"制怒"的最好手段。

3．转移视线

用其他方法也可消除心中愤怒，如通过一些活动来转移愤怒的情绪，做运动、听音乐、与人倾诉等都不失为好的方法。

4．学习忍耐及宽容

遇事持宽宏大量的态度，可止息心中的怒火，化怒火为祥和。学会宽容，放弃怨恨和惩罚，你会发现，将愤怒的包袱从双肩卸下来，你会轻松很多，心中一片明朗、平静无波，生活自然会变得无限美好。

用愤怒困扰心灵，是一种严重的自戕

托尔斯泰曾经说过："愤怒对别人有害，但愤怒时受害最深者乃是本人。"

心态不平和的人经常不能控制自己的怒气，为了生活中大大小小的事情勃然大怒，从表面上看来，愤怒是由于自己的利益受到侵害或者被人攻击而激发的自尊行为，其实，用愤怒的情绪困扰心灵，实际上是一种最不明智的自我伤害。

正如思想家蒲柏所说："愤怒是由于别人的过错而惩罚自己。"我们愤怒于别人的言行，让愤怒占据了大部分的灵魂空间，灵魂负载着重担，再无法关照自身，更不能得到任何形式的提升，反而在愤怒情绪的支配下更加容易丧失理智，甚至于越来越远离人的高贵，接近于动物的蒙昧和愚蠢。

结果，导致我们愤怒的人与事依然故我，他们继续做着自己的事，享受着愉悦的心情；而我们自己却因为愤怒，无法专注于眼前的工作，不能很好地履行自己的职责；更可惜的是，我们只顾着愤怒，而无暇体验生命中原本存在的其他美和善。

事实上，别人的一些行为真的就那么不可原谅吗？不是，折磨我们的是自己的愤怒情绪，而非别人的一些行为。不管面对别人怎样的行为，控制自己的愤怒情绪，从而避免让灵魂受到伤害，是完全在我们的力量范围之内的。

有一位得道高人曾在山中生活30年之久，他平静淡泊，兴趣高雅，不但喜欢参禅悟道，而且也喜爱花草树木，尤其喜爱兰花。他的家中前庭后院栽满了各种各样的兰花，这些兰花来自四面八方，全是年复一年地积聚所得。大家都说，兰花就是高人的命根子。

这天高人有事要下山去，临行前当然忘不了嘱托弟子照看他的兰花。弟子也乐得其事，上午他一盆一盆地认认真真浇水，等到最后轮到那盆师父最珍爱的兰花时，他也许浇了一上午有些累了，越是小心翼翼，手就越不听使唤，水壶滑下来砸在了花盆上，连花盆架也碰倒了，整盆兰花都摔在了地上。这回可把弟子给吓坏了，愣在那里不知该怎么办才好，心想：师父回来看到这番景象，肯定会大发雷霆！他越想越害怕。

下午师父回来了，他知道了这件事后一点儿也没生气，而是平心静气地对弟子说了一句话："我并不是为了生气才种兰花的。"

弟子听了这句话，不仅放心了，也明白了。

不管经历任何事情，我们都要制怒，在脉搏加快跳动之前，凭借理智的伟力平静自己。想一想，如果惹你生气的人犯了错误，是由于某种他们不可控的原因，我们为什么还要愤怒呢？如果不是这样，那么他们犯错一定是由于善恶观的错误。我们看到了这一点，说明在善恶观的问题上，我们的灵魂比他们优越，比他们更理性，更能辨明是非黑白。对于他们，我们只应该怜悯，而不应有一丝愤怒。

有人说生气是拿别人的错误惩罚自己，实际上，我们完全可以享受不生气的活法。著名的心理学家威廉姆斯夫妇曾经研究出一套快速评估自己的愤怒情绪然后采取对策的方法。这套方法可以帮助我们有效地克服愤怒情绪，让我们过不生气的日子，在这里和大家分享一下：

（1）重要吗？"如果罗莎·帕克斯当时没有发火（1955年，黑人妇女帕克斯在公共汽车上拒绝让座，最终导致美国最高法院裁决种族隔离不符合宪法），她就会退到车厢后部的黑人区去。"威廉姆斯教授说，"她是因为一件重要的事而发火的。如果你觉得难以判断问题是否重要，就想象一下这是你生命中的最后一天，你还会觉得这事值得发火吗？"

（2）合适吗？想想你会怎样向朋友描述这件事。她或其他任何理智的人会做同样的反应吗？

（3）可以改变吗？也许，坏天气、糟糕的交通、停电的确叫人恼火，但这些是你无法控制的。如果情况可以改变，要拿出具体的合理要求来进行改进。

（4）值得吗？威廉姆斯教授指出："如果你的答案是值得，那么现在就该决定你要的到底是什么。"但是，即使你肯定你发火是有道理的，是值得的，也不要气势汹汹，而应该采取解决问题的态度，找到改变使你发火的原因的方法。

多点雅量面对嘲笑

很多人在面对别人的嘲笑时，会生气，会发怒，甚至会做出一些冲动的行为，来打击别人对自己的嘲笑。事实上，面对别人的嘲笑，与其生气，我们还不如保持宽广的胸襟，让自己有点雅量，这不仅是一种做人的智慧，更是让自己享受不生气的活法。

曾任美国总统的福特在大学里是一名橄榄球运动员，体质非常好，所以在他62岁入主白宫时，他的体质仍然非常挺拔结实。当了总统以后，他仍继续滑雪、打高尔夫球和网球，并且擅长这几项运动。

在1975年5月，他到奥地利访问，当飞机抵达萨尔斯堡，他走下舷梯时，他的皮鞋碰到一个隆起的地方，脚一滑就跌倒在跑道上。他跳了起来，没有受伤，但使他惊奇的是，记者们竟把他这次跌倒当成一项大新闻，大肆渲染起来。在同一天里，他又在丽希丹宫的被雨淋滑了的长梯上滑倒了两次，险些跌下来。随即一个奇妙的传说散播开了：福特总统笨手笨脚，行动不灵敏。自萨尔茨堡以后，福特每次跌跤或者撞伤头部或者跌倒在雪地上，记者们总是添油加醋地把消息向全世界报道。后来竟然反过来，他不跌跤也变成新闻了。哥伦比亚广播公司曾这样报道说："我一直在等待着哪天总统撞伤头部，或者扭伤胫骨，或者受点轻伤之类的来吸引读者。"记者们如此地渲染似乎想给人形成一种印象：福特总统是个行动笨拙的人。电视节目主持人还在电视中和福特总统开玩笑，喜剧演员切维·蔡斯甚至在"星期六现场直播"节目里模仿总统滑倒和跌跤的动作。

福特的新闻秘书朗·聂森对此提出抗议，他对记者们说："总统是健康而且优雅的，他可以说是我们能记得起的总统中身体最为健壮的一位。"

"我是一个运动家，"福特抗议道，"运动家比任何人都容易跌跤。"

他对别人的玩笑总是一笑了之。1976年3月，他还在华盛顿广播电视记者协会年会上和切维·蔡斯同台表演过。节目开始，蔡斯先出场。当乐队奏起"向总统致敬"的乐曲时，他"绊"了一脚，跌倒在歌舞厅的地板上，从一端滑到另一端，头部撞到讲台上。此时，每个到场的人都捧腹大笑，福特也跟着笑了。

当轮到福特出场时，蔡斯站了起来，佯装被餐桌布缠住了，弄得碟子和银餐具纷纷落地。蔡斯装出要把演讲稿放在乐队指挥台上，可一不留心，稿纸掉了，撒得满地都是。众人哄堂大笑，福特却满不在乎地说道："蔡斯先生，你是个非常、非常滑稽的演员。"

生活是需要睿智的。如果你不够睿智，那至少可以豁达。以乐观、豁达、体谅的心态看问题，就会看出事物美好的一面；以悲观、狭隘、苛刻的心态去看问题，你会觉得世界一片灰暗。两个被关在同一间牢房里的人，透过铁窗看外面的世界，一个看到的是美丽神秘的星空，一个看到的是地上的垃圾和烂泥，这就是区别。

面对嘲笑，有人说一种好的方法是用努力和实力去说话，用自己的成绩和作为改变，赢得敬重，这的确是一种不错的方法。另外，一些心理学家，也给出了几点比较实际的应对嘲笑的方法。

心理学家指出，嘲笑分为两种，一种是善意的嘲笑，一种是恶意的嘲笑。

对待善意的嘲笑，我们可以一笑而过，完全没有必要计较。

对待那些恶意的嘲笑，我们要灵活对待：

首先，要弄明白嘲笑自己的人是本着什么意图，如果对方是有口无心的人，我们可以适当反驳一下，但是千万不要激动。

其次，如果对方是有某种企图攻击你，我们不妨先想想是不是自己某些地方冒犯了对方，如果是我们冒犯对方在前，我们就要适当改正自己的行为。

总之，面对嘲笑，一定不要急。要知道，面对嘲笑，最忌讳的做法就是勃然大怒、大骂一通，其结果只会让嘲笑之声越来越炽。其实，要让嘲笑自然平息，最好的办法是一笑了之。一个满怀目标的人，不会去考虑别人多余的想法，而是有风度、有气概地接受一切非难与嘲笑。伟大的心灵多是海底之下的暗流，唯有小丑式的人物，才会像一只烦人的青蛙一样，整天聒噪不休！

面对背叛，不要怀疑友情

有人说，怀疑是友谊的蛀虫，信任是友谊的基石，只有建立在信任基础上的友谊才会更加坚固。

在《美宝的魔法花园》一书中，讲了这样一个小故事：

美宝有一个美丽的花园，她常常与好朋友尼克和乔治一起在花园里玩耍。

有一天，尼克和乔治也种起了自己的花，美宝怀疑尼克和乔治是偷了她的花儿，为了防止自己的花再次被偷，于是，美宝就垒起一堵高墙把花园围起。

这堵墙实在是太高了，尼克和乔治确实跳不过去。但是，这堵墙在挡住尼克和乔治的同时，还挡住了另一件东西，一种对花儿相当重要的东西——太阳。没有太阳，美丽的花儿慢慢枯萎，美宝变得越来越难过，越来越孤独……而就在同时，墙外面却发生了一件奇妙的事情。

尼克和乔治是那么想把这件奇妙的事告诉美宝，可是墙太高了，他们实在跨不过去。但是，对于小鸟来说，这堵墙却并不算高，小鸟飞上墙头，大声喊："美宝，快来看!"

美宝支起梯子，爬上墙头。她简直不敢相信自己的眼睛……遍地都是花儿，简直漂亮极了。

"这些花儿是哪儿来的?"美宝吸了口气好奇地问。

可是尼克和乔治也不知道。

这时候，一阵风吹过来。

尼克大叫着："快看! 看那些飞舞的种子!"

"噢，原来花儿是这样传播开的。"美宝明白了。

"要是我们把墙推倒，花儿也会传播到你的花园里!"乔治高兴地说。

于是，他们共同努力，最后把墙拆除了。

美宝不好意思地说："真对不起，我还以为你们偷了我的花儿呢！"

为了表达自己的歉意，美宝做了两份点心送给尼克和乔治，尼克和乔治都开心极了。

这是一个从友谊到怀疑再到重建友谊的美丽小故事，对我们成人也有很大启发：朋友之间只有多一份信任，友谊才能更加坚固。因为得到一份友情不容易，如果一个人动不动就怀疑自己的友情，不仅自己不开心，那么，你身边的朋友最后也会一个个离你而去。

在生活中，有时候朋友会背叛我们，这个时候很多人就会以偏概全下结论：这个世界上根本没有可靠的友情，很多人当面和你是好朋友，等你一转过身，就会背叛你，友谊根本就不可靠。

事实上，这种想法是极端的。的确，在生活中，有时我们会碰上朋友背叛自己，在这种情况下，我们首先应该弄清楚朋友为什么背叛自己，有时候由于特殊的原因，朋友不得不背叛我们，这时候我们应该原谅朋友。有时候，朋友并不是出于特殊原因而是为了获得自己想要的利益背叛了我们，这时候，我们要告诉自己：只要在今后，提防背叛自己的人就好了，根本犯不着去怀疑自己的友情。

总之，不管是在什么情况下，我们都不要轻易怀疑自己的友情，因为这只会给自己和别人带来伤害，事实上，我们对待友情应该去悉心维护而不是去怀疑。

事实上，愤怒暴露的正是你的软弱

一般来说，生活中大多数人的情绪都比较稳定，面对某些突发事件，可以适当调整自己的情绪，进而控制自己过于激动的心情。但有些人则不具有这种能力，平日里脾气就很火暴，遇事更为冲动，这种人比一般人出事的概率高。

无论对他人还是自己，愤怒都不是一件好事，因为人们在愤怒时往往会铸下大错。愤怒伴随而来的是神经过于激动，神经激动是在突然刺激下血液加速循环产生的紧张、焦虑、愤怒等情绪。很多人也是在这种情绪下犯下难以弥补的错误。

有一对新婚夫妇，刚结婚没几天，丈夫就被领导派到外地去出差，剩下妻子一人在家形影相吊，很是孤单。妻子心里很是不悦，这幸福的生活还没开始，就尝尽了相思的苦，一个人独守空房，更别提蜜月旅行了。

刚开始，妻子试着去理解丈夫。可丈夫实在是太忙了，每天只能通个电话，由于工作繁重，有时疲惫得连话都不想说，妻子感觉丈夫对自己不关心，特别委屈。整整半个月，妻子的心情就不好，莫名地心烦。

终于，妻子等到了丈夫的归期，丈夫决定好好陪妻子过个周末，妻子也满心欢喜。两人约好一起过周末，谁都不能谈工作。可到了周末的晚上，丈夫却因为临时有应酬没能按时回家。

妻子做好饭，在久等之下打电话寻找却无人接听。妻子当时就气不打一处来，想想婚后这些日子里，丈夫对自己再也不像以前。于是，晚上丈夫回来后，妻子说出了一些过激的言语，丈夫觉得临时发生意外，也不相让。两人发生争执，甚至大打出手。

妻子受不了丈夫动手打她的行为，当晚离家出走。第二天就向丈夫提出离婚，这使丈夫更加愤怒，多大的事动不动就提离婚，离就离，谁离了谁还不能过？立即签字同意离婚。于是，两人三年的感情就这样结束了。

在这件事情中，丈夫未归属于突发事件，而最重要的就是认知过程，在长久的等待下产生的焦虑、担心、猜疑，种种情绪加在一起使妻子在丈夫回来后失去了理智沟通的能力，从而使一件很小的事情上升为一场战争，最后竟然导致婚姻的失败。

愤怒让你贬低对方，也会让你在情感的天平上占据上风。在你愤怒时，你会感到强大而有力，哪怕是虚弱的你正在试图掩盖自己的脆弱或者正在屈服于幼稚的任性。你会觉得，与你的发泄对象相比，你是一个"更好"的人，因为你认为自己完全正确的，而对方则是错误的、糟糕的、一无是处的。

战胜了你的对手，或许也让别人意识到你是一个强大的统治者。看起来你似乎是希望通过表明你现在毋庸置疑的正确性和正义性，以弥补先前的错误和虚弱。然而事实上，愤怒和暴怒所显露的正是你的软弱，它们会让你固执、冲动、失控。它们会促使你过分贬低对方，作出愚蠢的决定，浪费了时间和精力，被你所恨的人所困扰，失去了朋友，与你所爱的人形成对立，或是去做一些疯狂的、具有破坏性的，有时甚至是犯罪的事情。

不仅如此，愤怒还严重损害人的身体，常常会导致过度的压力、高血压、胃肠方面和心脏方面的问题，并会使一个人身体方面的其他问题变得更加严重。愤怒也会对问题的有效解决、计划的执行以及其他有积极意义的追求形成严重的干扰或者是破坏。

心理专家指出，生气是一种正常的情绪反应，但我们要学会如何转化愤怒的情绪，不让自己因为愤怒情绪而受到伤害。但有人处理愤怒情绪的方式却往往是不健康的。下面为大家列出处理愤怒的几种常见的错误，并提供解决方法。希望大家可以找到合理的发泄方法，保持好心情。

1. 压抑情绪

有人是明明生气，却刻意压抑，不让坏情绪发泄出来，要明白生气是正常的，不要刻意压抑怒气。如果你觉得内心压抑，不想将这种感受随便讲给他人，那就将这种感觉写到日志上，日记上也行，也可以试着和你最信任的人分享心中的感觉。

2. 误会别人

有人之所以觉得委屈，是因为觉得自己是对的。其实你根本不了解别人的真实感受，为何不试着换个角度看待问题。当然，矛盾与冲突不是单方面的原因，接受自己和他人不完美的事实，不要过度挑剔。

3. 迁怒于别人

有的人生气时，总是习惯把这种怨气撒到亲近的人身上，哪怕这些人与他生气的原因不相干。这种方式最不可取，不仅解决不了问题，还会伤害爱你的人。这时，你最好问问自己究竟是对谁生气。与其到处撒气不如寻求其他人的力量支持，直接面对引起愤怒的来源。

4. 出现冲动行为

在付钱买下另一个名牌包或者是伸手拿起第三块奶油蛋糕之前，先暂停一下，均匀地深呼吸，然后问自己真正的感觉是什么，确定一下自己是真的想要吗。

第七章

走出强迫的泥潭

避免监督自己的想法

在许多人的脑子里，总是会出现一种想法——"我们应该……"但是，这样的想法其实有一种自我限定、自我监督或者事后诸葛亮的成分。因为这样的"应该"是我们给自己设定了一个目标，这个目标或许能够成功或许不能，有时候，这个"应该"的目标设定的过大过强，超出了我们的能力范围，这就有可能给我们带来过重的负担和压力。

这就好比一种有趣的节食减肥法。如果节食失败了，你不会因为自己的失误而批评自己，也不会感到内疚。这种方法是"想怎么样就怎么样，不必内疚，好好享受"，这种方法如此有趣，以至于最终达到减肥效果后，竟对它稍稍有些失望。

由此可知，其实，使你不能正常改掉多食毛病的是你的一种信念，即认为自己已经失控了。失控的原因是那些"应该"——"我应该戒不了了。"我们正是被这样的信念打垮了。比如说，当我们对自己说，"我应该学习了，不应该再看电视了"。但是，当我们这样问自己的时候，其实，我们所做的行为有可能是与我们所想的相反，也就是说，我们恰恰在做自己不希望发生的事情，但是，我们却无法克制。这种现实与观念上的矛盾，就引起了你的内疚和紧张不安。那么，你会做什么呢？那你会继续看电视！就是这样。你看电视的原因就是因为你告诉自己不要看电视！于是你就想要用更多的休闲时间来掩盖自己的内疚和焦虑。

那么，我们应该怎样处理这种"应该"带来的压力呢？

首先，对抗"应该"的一个方法就是告诉自己"应该"命题与现实不符。比如，当你说"我不应该做……"时，你假设事实上你不应该做，这将有助于你这么说。"现实法"显示让你吃惊的是——真相通常与你的想象正好相反：在现实中，你应该已经做了这件事情，说你不应该做会伤害你。

其次，在口头语言上进行替换。比如用别的词来取代"应该"，运用双栏法等。口头语"要是……就好了"或"我希望我能……"会很有益，而且经常听起来更现实，也不让人心烦。比如，不说"我应该能够让我妻子快乐"，而说"要是现在能让我妻子快乐就好了，因为她好像很难受。我可以问一问她为什么难过，看看我有没有什么办法帮助她"，或者不说"我不应该吃冰淇淋"，你可以说"要是没吃冰淇淋就好了，但是我吃了也并不是说世界末日已经到了"。

再次，就是对自己的反省和叩问。"谁说应该？哪儿写着说我应该。"这样做的目的是让你意识到你是在毫无必要地批评自己。由于你是规则的最终制定者，所以一旦你感到这些规则无益，你就可以改变规则或废除规则。假定你对自己说你应该能够让双亲一直生活快乐。如果经验告诉你这样想毫无必要也没有好处，你就可以重写规则，让规则更有效。你可以说："我可以让双亲有时感到快乐，但是肯定不能让他们一直快乐。最终，他们是会感到快乐的。我不比他们更完美。因此，我并不期望自己所做的一切总会得到欣赏。"

另外，还有一种更简单实用的方法——腕表法。一旦你相信应该命题不利于你，你就可以把它们记录下来。每出现一个应该命题，你就摁一下表。你还要根据每天的工作总量建立一套奖励机制。记下的应该命题越多，你所得到的奖赏也就越多。过上那么几周，你每天的应该命题总量就会下降，你就会发现自己的内疚感在减少。

最后，战胜应该的另外一个有效方法就是问："为什么我应该？"然后你就可以审视你所遇到的证据，以揭示其中不合理的逻辑。运用这种方法你可以把应该命题降低到尽可能的限度。

在你成长的过程中，你要经常告诉自己，"学会接受你的局限性，你就会变成一个更为幸福的人"。

不强迫自己做不想做的事

我们的生命只有一次，而且它又相当短，我们为什么在自己最不想做的事情上浪费自己的生命呢？

有一天，如来佛祖把弟子们叫到法堂前，问道："你们说说，你们天天托钵乞食，究竟是为了什么？"

"世尊，这是为了滋养身体，保全生命啊。"弟子们几乎不假思索。

"那么，肉体生命到底能维持多久？"佛祖接着问。

"有情众生的生命平均起来大约有几十年吧。"一个弟子迫不及待地回答。

"你并没有明白生命的真相到底是什么。"佛祖听后摇了摇头。

另外一个弟子想了想又说："人的生命在春夏秋冬之间，春夏萌发，秋冬凋零。"

佛祖还是笑着摇了摇头："你觉察到了生命的短暂，但只是看到生命的表象而已。"

"世尊，我想起来了，人的生命在于饮食间，所以才要托钵乞食呀！"又一个弟子一脸欣喜地答道。

"不对，不对。人活着不只是为了乞食呀！"佛祖又加以否定。

弟子们面面相觑，一脸茫然，又都在思索另外的答案。这时一个烧火的小弟子怯生生地说道："依我看，人的生命恐怕是在一呼一吸之间吧！"佛祖听后连连点头微笑。

故事中各位弟子的不同回答反映了不同的人性侧面。人是惜命的，希望生命能够长久，才会有那么多的帝王将相苦练长生之道，却无法改变生命是短暂的这一事实；人是有贪欲的，又是有惰性的，所以才会有那么多的"鸟为食亡"的悲剧发生；而人又是向上的，所以才会有那么多的"只争朝夕"，从不松懈，却身心俱疲地生活。

这些弟子看到的都只是生命的表象，而烧火的小弟子的彻悟，却在常人之上。人这一生，犹如一呼一吸，生和死，只是瞬间的转化。天地造化赋予人一个生命的形体，让我们劳碌度过一生，到了生命的最后才让人休息，而死亡就是最后的安顿，这就是人一生的描述。世间的痛苦与幸福，都不过是生命的衍生。倘若没有了生命，便没有痛苦，幸福也无从谈起。

生命之旅，即使短如小花，也应当珍惜这仅有的一次生存的权利。生命是虚无而又短暂的，它在于一呼一吸之间，如流水般消逝，永远不复回。要让生命更精彩，我们理应在有限的时间里，绽放幸福的花朵。

在有限的生命里，我们应该秉持一种乐观心态，让我们的生命活得更精彩、更有价值，让可贵的生命变成有质量的生命。

对每个人来说，生命有长有短，但生命的质量却有很大的不同。什么是生命的质量？生命的质量是霍金在残疾之后的坚强不息，是海伦在失明之后活下去的勇气，是世人孜孜不倦追求幸福的过程。诚然，我们无法掌握生命的长度，但我们能改变生命的质量。只要活出有质量的人生，瞬间的生命抑或能绽放出永恒的绚烂。

所以，把握住短暂的生命，把生命的热情倾注在自己喜欢做、渴望做的事情上，把自己的人生变成有质量的人生，莫到年华流逝时，才感慨时光错付而追悔不已。走自己的路，让别人去说，人生在世，何必事事都在乎世人的眼光，也何必因自己想做的事与世俗眼光相左而放弃自我的坚持。生命短暂，何必花费过多时间在自己不愿做的事情上呢？虽然，人活在这个世界上，不可避免会遇到一些违背心愿的事，会不得不做一些自己不愿做的事，但是关键在于能否在做了这些事之后还能继续坚持自己的理想，且坚持不懈地走下去。人这一生，得有"人生得意须尽欢，莫使金樽空对月"的洒脱和豁达，要拿得起放得下，勿在不愿做的事情上花费太多时光，消耗自己短暂的人生。做自己想做的事，过自己想过的生活，燃烧自己生命的激情，一呼一吸间的短暂生命会因此而丰盈，从而变得充满质感，充盈为有质量的人生，洋溢着幸福。

生命承载着幸福。浪费时间，流逝的不仅仅是生命还有幸福。西方有位哲人说过："自己招来的苦难总是最让人心痛的。"做自己不想做的事，蹉跎了时光，使自己陷入苦苦的挣扎中，浪费了时间，也浪费了生命，浪费了追求幸福的机会。别浪费时间，别浪费生命，别让幸福白白溜走，别让苦难湮没幸福。

不求最好，但求"最满意"

许多人过于认真，认为做到极致才是合理的选择，才是足以表现我们能力的最佳手段。但是，在现实生活中，我们为了确保时间、效率，当我们做不到极致完美时，其实，做到"够好"也是让大家可以接受的。

迪诺总是追求完美的外表，所以她花许多时间来修饰自己的头发、衣服、妆容等。令她苦恼却又控制不住的事是，在上班之前，她总是需要花上近两个小时的时间去尝试她认为合适的衣服和首饰。朋友和同事们都对她说，她这样的行为是对时间和精力的巨大浪费。于是，迪诺开始降低自己对完美外形的要求。起初她担心如果只停留在满意阶段，自己可能会落伍、没有吸引力，而且太普通。但在之后的几个早晨，她还是花了超出预计的时间。但是，还有几个早上，她强迫自己对穿着、妆容的修饰点到即止，只做到"足够好""刚刚满意"的程度。而迪诺也从这几个"足够好"而非"完美"的时间中明白了，她并不需要成为最好的、最美的，她没有必要非得有一身最完美的服装，她只需要和别人做到一样就可以了。

"满意"就是心理学家用来解决过度研究倾向的一个概念。"满意"就是"该选择是否满足最低要求"的意思。环视周围，看看其他人的选择，这是找到最低要求的一种方法。关注"满足"，而不是完美，你就能制订合理的目标，使用"够好"的标准去满足目标。

世间没有纯美的玉，没有完善的人，没有绝对的事物，为追求这种东西而耗费生命的人，是多么的不值！

人也是如此，智者再优秀也有缺点，愚者再愚蠢也有优点。对人多做正面评估，不以放大镜去看缺点，生活中对己宽、对人严的做法，必遭别人唾弃。避免以完美主义的眼光，去观察每一个人，以宽容之心包容其缺点。责难之心少有，宽容之心多些。没有遗憾的过去无法链接人生。对于每个人来讲，不完美是客观存在的，无须苛求，无须怨天尤人。

所以，我们没必要一定要完美，也没有完美的人。对此采用的比较有效的解决方案是，尽可能地为信息收集设定一个时限。比如，有人为炒股"殚精竭虑"，熬夜去搜索更多有关股票和投资的信息。为了这种利益的最大化，就有可能导致睡眠不足，增加了第二天的焦虑和抑郁。而且，将这种希望做到最好，并"利益最大化"的行为，就是一种对于完美的追求。不过，如果我们在此搜索信息前设定一个时限，就能有助于从对信息的偏执性关注中转移出来。

假如我们使用情感标准而非理性标准来决定多少信息才算得上充分，设限也是有帮助的。我们的搜索标准可能会是"感觉舒适为止"，或者"直到我没有任何疑虑为止"。但是，抉择可能就意味着选择做一些让人感觉不适的事，其间也充满疑虑。在搜索信息之前设限，是制止没完没了的信息搜集的一个办法。

人不总是十全十美的。在提出自己的要求之前，应当客观地认识自己。像迪诺那样渴求人生的完美，不仅对自己的心灵带来沉重负担，也是"不可能完成的任务"。其实人生当有不足才是一种"圆满"，因为不完美才让人们有盼头、有希望。古人常说人生不如意事十之八九，聪明的人常想一二，就是这个道理。

健康根本无须怀疑

　　疑病者可出现紧张、焦虑，甚至惶惶不安，反复要求医生进行检查和治疗，并对检查结果的细微差异十分重视，认为这种差异"证实"了自己疾病的存在。对于别人的劝说和鼓励不是从正面理解，常认为是对自己的安慰，更证明自己疾病的严重性。患者受疑病观念的驱使，东奔西走，到处求医，寻求"最新"诊断。

　　欧云是一家科研单位的技术员，平时对身体健康较关注，一旦觉得什么地方不舒服，便要找医书杂志对照研究一番。有一天他在图书馆一本科普杂志中看到一篇短文，叙述喉癌的早期症状，以帮助病人尽早发现并治疗。当时他正好患感冒，嗓子有点发炎。他觉得自己的症状与书中所述很相似，便疑心自己是否得了喉癌，心情非常紧张。次日就到单位门诊部检查，医生诊断为风寒喉炎，并说吃点感冒药就会好转。欧云吃了几天药，嗓子炎症果然消失了，这才放下心来。可是时隔不久，他突然发现自己身上蚊咬处有些红肿，又非常紧张，认为这是一种不祥之兆，马上去医院检查，医生说这是虫咬皮炎，无须特殊处理。对这样的诊断欧云很不放心，又到医学书店翻阅有关皮肤科的书籍，查到这样几句话："痣"，若发生色素沉着、皮损迅速增殖、脱毛、疼痛等现象时，说明有癌变的可能，应提高警惕。他看后很焦虑，越想越觉得自己的疙瘩已经癌变了。于是丢弃工作，到处求医。他去过的所有皮肤科，医生均诊断为皮炎，但他都不相信。起初他常与医生争辩，后来渐渐改变了策略，为了得到更多的检查，他表面上装作恭恭敬敬，表示要听医生的话，而用拐弯抹角的方式，一再请求医生给他做个小手术，把疙瘩取出来做病理化验，以解除其"疑虑"。没办法，医生只好按其要求做了，结果当然不是癌变，但他内心仍不放心，并认为红肿消失了、疙瘩没有了，可能是癌的转移和扩散。就这样，他疑神疑鬼，整日惶惶不安，简直闹到不能再活下去的地步。

生病看医生，这是正常现象。可是有的"病人"反反复复看医生，却始终查不出是什么病，这就令人费解了。其实，这种人确实有病，只是他的病不是在身上，而是存在于思想上、精神上。这种病叫作"疑病症"。他们经常的表现可概括为疑病性烦恼、疑病性不适感和感觉过敏、疑病观念，对自身健康过分关注。

疑病者的注意力全部或大部分集中于健康问题，以致学习、日常生活和人际交往常受到明显影响。

事实上，我们的健康无须怀疑，一旦你陷入疑病的深渊，不必害怕，现在教你五招保持健康的方法：

1. 保持乐观

俗话说："笑一笑，十年少。"乐观的情绪不仅能使你显示青春活力，还将有助于增强机体免疫力，使你免受疾病的侵袭。

2. 坦然面对生活中的压力

在快节奏的都市生活中，人们会面临种种压力，勇敢地面对现实，把压力当作是一种挑战，这样将更有利于人的身心健康。

3. 要学会包容别人

怀有怨恨心理的人情绪波动较大，不是整天抱怨，就是后悔；不是对人怀有敌意，就是自暴自弃。这样容易患心理障碍。所以，平时应学会抛弃怨恨，原谅别人，更要原谅自己。

4. 富有幽默感

有人称幽默是"特效紧张消除法"，是健康人格的重要标志。

5. 选择正确方式发泄情绪

不善于用语言来表达自己的忧伤或难过等感情的人容易患病，而压抑愤怒对机体也同样有害，更不能用酗酒、纵欲等不健康的生活方式来逃避现实。伤心的人痛哭一场，或与知心朋友谈谈心，或参加剧烈的体育运动后，常会感到心情舒畅，这就是宣泄感情的意义。

让"强迫症"不再强迫你

强迫症又称强迫性神经症,是病人反复出现的明知是毫无意义的、不必要的,但主观上又无法摆脱的观念、意向的行为。其表现多种多样,如:反复检查门是否关好,锁是否锁好;常怀疑被污染,反复洗手;反复回忆或思考一些不必要的问题;出现不可控制的对立思维,担心由于自己不慎使亲人遭受飞来横祸;对已做妥的事,缺乏应有的满足感……

对于强迫症的发病原因,一般认为主要是精神因素。现代社会压力大,竞争激烈,淘汰率高,在这种环境下,内心脆弱、急躁、自制能力差或具有偏执性人格或完美主义人格的人很容易产生强迫心理,从而引发强迫症。通常,他们会制订一些不切合实际的目标,过度强迫自己和周围的人去达到这个目标,但总会在现实与目标的差距中挣扎。此外,自幼胆小怕事、对自己缺乏信心、遇事谨慎的人在长期的紧张压抑中会焦虑恐惧,易出现强迫症行为。

需要指出的是,像反复检查门锁这种强迫心理现象在大多数人身上都曾发生过,如果强迫行为只是轻微的或暂时性的,当事人不觉痛苦,也不影响正常生活,就不算病态,也不需要治疗。如果强迫行为每天出现数次,且干扰了正常生活就可能是患了强迫症,需要治疗了。

李方栋是某修配厂的一名工人,平时非常怕脏,只要别人碰过的衣物就丢弃,只要手碰了一下某种东西,就洗刷不止。三年前,李方栋刚来这工厂不久,生活上有些不适应,热心的老工人袁师傅对他比较关心,在生活上关照他,业务上指导他,因此关系比较密切。某次业务考试,李方栋不及格,内心紧张的他听人说袁师傅曾患有"肝炎",因而更紧张,怕传染上"肝炎",于是将所有被袁师傅接触过的衣物器皿丢掉,被袁师傅碰过的东西,如自己再碰着就不断地洗手,直洗到双手发白,皮肤起皱才罢休,否则就会内心紧张不已,甚至感到思维都不灵活了。自己明知这样洗是不必要的，但无法控制。在朋友的劝说下，李方栋去找心理学专家进行咨询，经诊断他患上了强迫症。

专家介绍，强迫症并不可怕，关键在于你能否勇敢理智地面对它、战胜它，让它再也"强迫"不了你。如果你有此决心，不妨试试以下几种方法来进行自我调适。

1. 听其自然法

任何事情听其自然，该咋办就咋办，做完就不再想它，有助于减轻和放松精神压力。如好像有东西忘了带就别带它好了，担心门没锁好就没锁好了，东西好像没收拾干净就脏着乱着呗。经过一段时间的努力来克服由此带来的焦虑情绪，症状是会慢慢消除的。

2. 夸张法

患者可以对自己的异常观念和行为进行戏剧性的夸张，使其达到荒诞透顶的程度，以致自己也感到可笑、无聊，由此消除强迫性表现。

3. 活动法

患者平时应多参与一些文娱活动，最好能参加一些冒险和富有刺激的活动，大胆地对自己的行动做出果断的决定，对自己的行为不要过多发表限制和评价。在活动中尽量体验积极乐观的情绪，拓宽自己的视野和胸怀。

4. 自我暗示法

当自己处于莫名其妙的紧张和焦虑状态时就可以进行自我暗示。比如："我干吗要这样紧张？一次作业没做是没有关系的，只要向老师讲清原因就可以了。就是不讲，老师也不会批评；就是批评了，又有什么好紧张的，只要虚心听取下次改了就行，何必那样苛求自己呢？谁没有犯过一点过失呢？"

5. 满灌法

满灌法就是一下子让你接触到最害怕的东西。比如说你有强迫性的洁癖，请你坐在一个房间里，放松，轻轻闭上双眼，让你的朋友在你的手上涂上各种液体，而且努力地形容你的手有多脏。这时你要尽量地忍耐，当你睁开眼，发现手并非你想象的那么脏，对思想会是一个打击，即不能忍受只是想象出来的。若确实很脏，你洗手的冲动会大大增强，这时你的朋友将禁止你洗手，你会很痛苦，但要努力坚持住，随着练习次数的增加，焦虑便会逐渐消退。

6. 当头棒喝法

当你开始进行强迫性的思维时，要及时地对自己大声喊"停"。如果你在自疗的过程中遇到困难，请别忘了向你身边的朋友或心理学家寻求帮助，大喊一声："我不要受'强迫'！"

第八章

别让磨难把自己逼上绝路

没有绝望，堵死路的是我们自己

有一首歌唱得好："假如命运折断了希望的风帆，请不要绝望，岸还在；假如命运凋零了美丽的花瓣，请不要沉沦，春还在；生活中总会有无尽的麻烦，请不要无奈，因为路还在，梦还在，阳光还在，我们还在。"的确，在生活中，任何时候，我们都不要绝望，就像歌词中的折断了风帆，岸还在；我们失败了，但是我们的生命还在，只要生命在，只要活着，一切都有可能。

有一个阿拉伯的富翁，在一次大生意中亏光了所有的钱，并且欠下了债，他卖掉房子、汽车，还清了债务。

此刻，他孤独一人，无儿无女，穷困潦倒，唯有一只心爱的猎狗和一本书与他相依为命、相伴相随。在一个大雪纷飞的夜晚，他来到一座荒僻的村庄，找到一个避风的茅棚。他看到里面有一盏油灯，于是用身上仅存的一根火柴点燃了油灯，拿出书来准备读书。但是一阵风忽然把灯吹灭了，四周立刻漆黑一片。这位孤独的老人陷入了黑暗之中，对人生感到痛彻的绝望，他甚至想到了结束自己的生命。但是，立在身边的猎狗给了他一丝慰藉，他无奈地叹了一口气沉沉睡去。

第二天醒来，他忽然发现心爱的猎狗也被人杀死在门外。抚摸着这只相依为命的猎狗，他突然决定要结束自己的生命，世间再没有什么值得留恋的了。于是，他最后扫视了一眼周围的一切。这时，他发现整个村庄都沉在一片可怕的寂静之中。他不由急步向前，啊，太可怕了，尸体，到处是尸体，一片狼藉。显然，这个村庄昨夜遭到了匪徒的洗劫，连一个活口也没留下来。

看到这可怕的场面，老人不由心念急转，啊！我是这里唯一幸存的人，我一定要坚强地活下去。此时，一轮红日冉冉升起，照得四周一片光亮，老人欣慰地想，我是这个世界上唯一的幸存者，我没有理由不珍惜自己。虽然我失去了心爱的猎狗，但是，我得到了生命，这才是人生最宝贵的。

老人怀着坚定的信念，迎着灿烂的太阳又出发了。

人生总有失败和失意的时候，因为一时的失意就把自己逼上绝路，那么，我们就再也没有成功的机会。事实上，如果我们能在失意甚至绝望的状态下，抱着希望赶走悲伤。那我们将来的人生可能又是柳暗花明又一村。就像故事中的老人，只要坚定地活着，还怕我们自己找不到重新起航的机会？

哈佛大学戴维·R. 克拉克教授曾经说过："当人的生命中充满了希望，当人生已经被阳光铺洒，生命之旅就会变成光明的路径，再也没有什么能让你感到害怕的了。"每当有学生遇到困难而退缩的时候，克拉克教授就鼓励他们：只要生命在，希望就在，永远都不要放弃希望。

在我们日常的生活和学习中，如果遇到失意或悲伤的事情时，我们一样要学会调整自己的心态。如果你的演讲、你的考试和你的愿望没有获得成功；如果你曾经尴尬；如果你曾经失足；如果你被训斥和谩骂，请不要耿耿于怀。对这些事念念不忘，不但于事无补，还会占据你的快乐时光。抛弃它吧！把它们彻底赶出你的心灵。如果你曾经因为鲁莽而犯过错误；如果你被人咒骂；如果你的声誉遭到了毁坏，不要以为你永远得不到清白，勇敢地走出失败的阴影！

走出阴影，沐浴在明媚的阳光中。不管过去的一切多么痛苦，多么顽固，把它们抛到九霄云外。不要让担忧、恐惧、焦虑和遗憾消耗你的精力。把你的精力投入到未来的创造中去吧！

让那担忧和焦虑、沉重和自私远离你；更要避免与愚蠢、虚假、错误、虚荣和肤浅为伍；还要勇敢地抵制使你失败的恶习和使你堕落的念头，你会发现，人生的旅途是多么轻松、自由，你是多么自信！

要主宰自己，做自己的主人。沮丧的面容、苦闷的表情、恐惧的思想和焦虑的态度是你缺乏自制力的表现，是你弱点的表现，是你不能控制环境的表现。它们是你的敌人，要把它们抛到九霄云外。

请记住：即使再难，也不要对生命绝望，没有人会把你逼上绝路，堵死路的其实只有你自己。

一次错过，不代表永远出局

生活中有一种痛苦叫错过。人生中一些极美、极珍贵的东西，常常与我们失之交臂，这时的我们总会因为错过美好而感到遗憾和痛苦，甚至有些人因为失去，就开始对生活绝望。

事实上，一次错过并不代表永远出局，有时候，错过了这个，我们接下来会有更大的意想不到的收获，就像有人说的：错过了花朵，我们或许还会收获雨滴。

美国的哈佛大学要在中国招一名学生，这名学生的所有费用由美国政府全额提供。初试结束了，有 30 名学生成为候选人。

考试结束后的第 10 天，是面试的日子。30 名学生及其家长云集锦江饭店等待面试。当主考官劳伦斯·金出现在饭店的大厅时，一下子被大家围了起来，他们用流利的英语向他问候，有的甚至还迫不及待地向他做自我介绍。这时，只有一名学生，由于起身晚了一步，没来得及围上去，等他想接近主考官时，主考官的周围已经是水泄不通了，根本没有插空而入的可能。

于是他错过了接近主考官的大好机会，他觉得自己也许已经错过了机会，于是有些懊丧起来。正在这时，他看见一个异国女人有些落寞地站在大厅一角，目光茫然地望着窗外，他想：身在异国的她是不是遇到了什么麻烦，不知自己能不能帮上忙？于是他走过去，彬彬有礼地和她打招呼，然后向她做了自我介绍，最后他问道："夫人，您有什么需要我帮助的吗？"接下来，两个人聊得非常投机。

后来这名学生被劳伦斯·金选中了，在 30 名候选人中，他的成绩并不是最好的，且面试之前他错过了跟主考官套近乎、加深自己在主考官心目中印象的最佳机会，但是他却无心插柳柳成荫。原来，那位异国女子正是劳伦斯·金的夫人，这件事曾经引起很多人的震动：原来错过了美丽，收获的并不一定是遗憾，有时甚至可能是圆满。

因此，在你感觉到人生处于最困顿的时刻，也不要为错过而惋惜。失去的折磨会带给你意想不到的收获。花朵虽美，但毕竟有凋谢的一天，请不要再对花长叹了。因为可能在接下来的时间里，你将收获雨滴。

在痛苦里不能自拔，只会与快乐无缘

快乐是什么？快乐是血、泪、汗浸泡的人生土壤里怒放的生命之花，正如惠特曼所说："只有受过寒冻的人才感觉得到阳光的温暖，也唯有在人生战场上受过挫败、痛苦的人才知道生命的珍贵，才可以感受到生活之中的真正快乐。"

托尔斯泰在他的散文名篇《我的忏悔》中讲了这样一个故事：

一个男人被一只老虎追赶而掉下悬崖，庆幸的是，在跌落过程中他抓住了一棵生长在悬崖边的小灌木，此时，他发现头顶上，那只老虎正虎视眈眈，低头一看，悬崖底下还有一只老虎，更糟的是，两只老鼠正忙着啃咬悬着他生命的小灌木的根须。绝望中，他突然发现附近生长着一簇野草莓，伸手可及。于是，这人摘下草莓，塞进嘴里，自语道："多甜啊！"

生命进程中，当痛苦、绝望、不幸和危难向你逼近的时候，你是否还能顾及享受一下野草莓的滋味？"苦海无边"是小农经济的哲学，"尘世永远是苦海，天堂才有永恒的快乐"是禁欲主义编撰的用以蛊惑人心的谎言，苦中求乐才是快乐的真谛。

有个女人叫玛赛尔，曾陪同从军的丈夫一起来到拉美的一片沙漠之中。当丈夫外出训练时，她常常孤零零地独自住在被沙漠包围着的铁皮房子里，有时，甚至很长时间也收不到丈夫的一封来信。她深感寂寞，虽然当地有土著人、印地安人和墨西哥人，但他们皆不懂英语，无法陪她说话，她于是更加痛苦。恰在此时，远方父母的一封来信给了她极大的鼓舞。信极短，却充满了哲理："两个人从牢房的铁窗望出去，一个看到了坟墓，一个看到了星星。"于是她恍然大悟，决定在茫茫沙漠里寻找瑰丽的星星。她开始努力：努力学习当地的语言，努力与当地人交朋友，努力收集各类土产，努力研究当地的一切，包括土拨鼠和仙人掌。于是，才奋斗了几天，她就深深感到，她的生活已经变得充实无比。第二年，她还将她的收获一一整理成文，出版了一本叫作《快乐的城堡》的书！她兴奋无比，她果然在茫无边际的寂寞中找到了"星星"，她再也不必长吁短叹了！

二战期间，一位名叫伊莉莎白·康黎的女士在庆祝盟军在北非获胜的那一天收到了国际部的一份电报，她的侄儿，她最爱的一个人死在战场上了。她无法接受这个事实，她决定放弃工作，远离家乡，把自己永远藏在孤独和眼泪之中。

正当她清理东西，准备辞职的时候，忽然发现了一封早年的信，那是她侄儿在她母亲去世时写给她的。信上这样写道：我知道你会撑过去。我永远不会忘记你曾教导我的：不论在哪里，都要勇敢地面对生活，我永远记着你的微笑，像男子汉那样，能够承受一切的微笑。她把这封信读了一遍又一遍，似乎他就在她身边，一双炽热的眼睛望着她：你为什么不照你教导我的去做。

康黎打消了辞职的念头，一再对自己说：我应该把悲痛藏在微笑下面，继续生活，因为事情已经是这样了，我没有能力改变它，但我有能力继续生活下去。

人生是一张单程车票，一去无返。荷兰首都阿姆斯特丹一座15世纪的教堂废墟上留着这样一行字：事情是这样的，就不会那样。藏在痛苦泥潭里不能自拔，只会与快乐无缘。告别痛苦的手得由你自己来挥动，享受今天盛开的玫瑰的捷径只有一条：坚决与过去分手。

找一点精神寄托，抚平重大的伤痛

匆忙的生活使我们忽略了许多美好的、值得欣赏的东西，只有当你找到寄托你心灵的处所之后，你才能有余情去欣赏这世界可爱的一面，才有机会去享受真正属于你自己的人生。为了使自己能经常保持一种宁静泰然的心境，找一点精神上的寄托是很需要的。

精神上的寄托，完全是属于你私人灵魂深处的东西。它不一定有很大的意义，不一定有什么积极的目的，它只是你精神上的一片私人的园地，是你灵魂的一个小小的避风港，是你躲避世俗牵绊的堡垒，是一个你可以在那里找到自己，和自己心灵恳谈的秘密花园。

会处理生活的人，一定懂得怎样给自己安排一片不受干扰的属于自己的小天地。在这里，你可以想你所要想的，做你所要做的，躲开一切你所要躲开的，逃避一切你所要逃避的。这片小天地就是你寄托灵魂或真正属于你自己的地方。

给自己的灵魂找一个寄托，那并不是消极的逃避，那正是一种积极的养精蓄锐。正如有位名人说的"我休息是为了工作"。我们也是一样，让灵魂去休息一下，养一养它在尘世间奔波所受的伤，然后好再去奔波。

我们几乎很难找到一个人，能够成天只做他自己喜欢的事，过他自己所愿意过的生活。每个人都必须被动地做些他并不想做的事，扮演一些他并不喜欢扮演的角色，过一种他所不愿过的生活。所以，我们发现，有些人一有时间就吸烟，有些人一有时间就看小说，有些人一有时间就写文章。这些一有时间就想做的事，才真正是他所喜欢做的事。但是，因为他必须应付许许多多生活中的琐事，他没有充分的时间和自由去只管做他所喜欢做的。因此，这些小小的嗜好，就成为他生活中的一点寄托。他从这里面找到他自己，得到了生活的真谛，暂时忘掉了世界的喧嚣。

假如你懂得生活，同时你也懂得自己，那么，你一定会在生活中找到那么一点使你安心、使你忘忧的寄托。

9·21大地震在台湾造成了惨重的伤亡，使许多人在一夕之间家破人亡。

有一个妇人大难不死，被救难人员从瓦砾堆中救了出来。然而当她得知先生和一对就读小学的儿女都已遇难，全家只有她一人获救时，几乎痛不欲生，屡次要自杀，根本不想再活下去了。有好长一段时间，她不敢出门上街，因为一看到街上嬉闹的孩子，就会不由自主地泪流满面；家人的照片更是看不得，一看就会泪流不停。尤其想到两个乖巧的小孩，更让她万般不舍。

后来，在专业医生的建议下，她每天写一封信给在天堂的儿女和先生，倾诉她的思念和不舍。

两个月来，通过写信把她和日夜思念的家人又重新联结起来了。渐渐地，她的心情从思念转为祝福，一封封投寄到天堂的信，改变了她的心情。写到最后几封，她已经可以平静地问候子女在那边过得好不好，给先生的信也会叮咛他要照顾子女。她说，自己的思念已化为祝福，紧绷的心也已渐渐地放下。在写下最后一封信后，她真正告别了死去的家人。

现在这个妇人除了计划找工作重新生活外，也到处忙着做义工。她说，走过这场巨变，相信人生没有更大的挫折可以打倒她。

在现实生活中，有些悲痛是永远无法抚平的。如果不及时找一点精神上的寄托，不及时为自己的思念找一个出口，让自己的心灵也有一条出路，这些可怕的情绪将会吞吃我们的生命，造成人生的重大破坏和损失。

怨天尤人，暗自垂泪，很容易成为戒不掉的"毒瘾"，甚至成为一种惩罚，不断荼毒自己的心灵。有人期望能借此消解内疚和不安，但是这些关起门来的自虐，只会拉长悲痛和苦情，对自己毫无帮助。

用一种更有意义的方式去纪念那些走远的人，是医治自己心灵的良方。当你将哀痛化为平静的时候，你将看到希望和价值。

我们有足够的能量去应付困难

地球，这个美丽的星球以它独特的自然条件孕育出生命。继而，生命在历史的长河中繁衍，绽放了绚丽夺目的光彩。人的生命是最珍贵的，也正是因为有了生命，我们的世界才会如此可爱。

面对人生的大悲大痛，生命是顽强的，它可以面对出现的任何动荡和危难，哪怕是被折磨得千疮百孔，它也不会放弃自己最初从母胎带来的最原始又最高贵的尊严，正是因为如此，我们才会对生命讴歌不止。

抗震救灾史上有过无数奇迹，伊朗大地震中，一名56岁的老汉在废墟下挺过13天；南亚大地震中，一名27岁的巴基斯坦青年在废墟中被埋27天后竟然生还；我们更熟悉的是，唐山大地震中5名矿工被困在矿井下15天后生还。

在汶川大地震中同样出现了许多让我们潸然泪下的生命奇迹：一个在废墟里打着手电筒看书的小女孩最后获救，两个女孩生死对话驱走死神，父亲徒手刨出被埋的儿子，幼儿园老师身挡水泥板救下小孩，1岁婴儿被困48小时后从废墟中生还……

这就是生命的奇迹。在如此严重的地震面前，山崩地裂、房毁桥断，不要说人的身体，一切都那么微小脆弱和不堪一击。但是，在强大的意志力和对于"生"的强烈渴求下，人的生命又是那么坚韧：希望能继续看到明天升起的太阳，希望能看到亲人朋友，希望不让白发苍苍的母亲为自己流泪，这种对生的渴求所激发出来的巨大力量很多时候往往超乎我们的想象。在这么强大的求生渴望面前，有时候死神也不得不望而却步。

每个人的生命旅途都不会是一帆风顺。有些事情是你愿意接受的，比如说对梦想的追求，对真挚感情的热切期盼；而有些事情是你不愿意承受的，比如说突患疾病，遭遇变故。当这些事情来临时，有些人寻死觅活，一蹶不振；也有些人坚强面对，熬过苦楚，迎来美好的明天。

托举、跳跃、飞翔……在广州亚残运会开幕式演出中，失去右臂的马丽和失去左腿的翟孝伟演绎的舞蹈《飞翔》让人震撼。在4米见方的流动舞台上，两个残疾人舞者诠释了生命的伟大和坚强。

翟孝伟出生在河南濮阳市高新区疙瘩庙村，4岁之前，他和其他小伙伴一样，是一个无忧无虑的小男孩。4岁那年，他经受了一生中最大的一次打击。

那天，4岁的翟孝伟在大街上逛着玩儿，看见一辆拉石灰的拖拉机，他试着爬了上去，突然就从上面掉了下来，一条腿伸进了车轮。7天后，医生告诉他父亲，要保住儿子的生命，就必须采取截肢的办法。

父亲问他："孩子，你知道把腿截了是什么概念吗？"翟孝伟说不知道。父亲就告诉他，把腿截了，以后的生活会特别难。翟孝伟对挫折和困难也不理解，就问父亲挫折和困难好吃不好吃，父亲流着泪说挺好吃的，但是不能一口吃下去，要一个一个来。

一晃到了13岁，翟孝伟开始意识到残疾对自己的影响。当别人嘲笑他时，当他遇到烦心事时，他总会想起父亲那句话：挫折和痛苦虽然好吃，但要一个一个吃。初中毕业后，翟孝伟开始寻找工作，但去了很多地方，得到的都是拒绝。翟孝伟没有气馁，之后，他在威海的一家网吧找到他人生中的第一份工作。2005年，翟孝伟回到河南，成了一名残疾人运动员，主攻自行车。

如果不是遇到马丽，翟孝伟这辈子都可能只是一名好的残疾人运动员，而因为遇到了马丽，他的人生轨迹开始往另一个方向转变。

马丽出生在驻马店，在一次车祸中失去了一只手臂。但她靠着顽强的毅力，成为一名优秀的舞蹈演员。2005年，也就是翟孝伟成为自行车运动员那一年，在第六届全国残疾人艺术汇演中，马丽的参赛作品《牵手》获得金奖。而这一年的9月26日，他俩的手也牵到了一起。

　　他俩相遇在康复中心。在擦肩而过的那一刹那，马丽看到了一个大男孩。她上去拍了翟孝伟一下，问他叫什么名字，又问他喜不喜欢跳舞，然后给了翟孝伟两张票。

　　就这样，在马丽的熏陶下，2005年年底，翟孝伟开始跟随马丽学习舞蹈。经过一年多的艰苦训练，他俩逐渐产生默契，开始排练舞蹈《牵手》。没有正规的排练场地，冬天就在家里练，夏天就跑到公园里练，为了能做到完美，他们自己也不知道曾经摔了多少次跤。

　　2007年4月20日，在第四届CCTV电视舞蹈大赛总决赛上，他们凭借《牵手》的双人舞震撼人心，让无数观众为之动容，获得群众创作舞蹈类银奖。人们给予了马丽和翟孝伟最高的评价——他们表演的已经不仅仅是一个舞蹈，更是演绎出了一种人类需要共同呼唤的爱、勇气以及对生命的尊重。

　　在2010年中国达人秀总决赛的舞台上再一次用他们动人的舞蹈《蝶之恋》让观众深感震撼，那最后化蝶而飞的场景令人久久不能忘怀。马丽说他们的舞蹈《蝶之恋》表现的是一只生来就羽翼残缺的蝴蝶如何破茧而出，遇到另一只同样际遇的蝴蝶，在一起共同飞翔的故事。可以说是用舞蹈记录了她和翟孝伟的人生。翟孝伟也再次强调了他们对艺术的执着："如果要博同情的话，我们完全可以表现那种挣扎的痛苦，但是我们展现了飞翔。我们希望我们的舞蹈是美的，我们最大的目标就是用舞蹈展现美，而让大家忽略我们的残疾！"马丽称自己非常喜欢达人舞台，在这里她感到平等与和谐，感到自己首先是"人"，然后才是"残疾人"，因而几度要掉泪。周立波对他们的舞蹈深深感动："你们是艺术家！我看到的不是舞蹈，而是两个高尚、纯洁、不屈的灵魂！瑟瑟抖动的空空的衣袖和裤腿，让人看到了生生不息的生命律动，他们身残志坚令人敬佩。他们借助一根根'拐杖'，把人生演绎得无比精彩！"

　　正是这些不屈的生命让我们看到，人类竟是如此伟大，生命竟是如此顽强。生命的过程就是这样无常，而生命的精彩就在于此，你不会知道，什么时候生命中会突然出现转机，你也永远不知道，生命会以什么样的姿态呈现它斑斓的色彩，但是有一点，我们完全可以确信：

我们每一个人都有足够的能量去克服一切困难，去战胜一切挫折。

　　人，只有活着才能做自己想做的事情。在你留意生命、珍惜生命的旅程中，你会发现，当生命被生活推向极致时，往往会展现出一些从容之美，临乱世而不惊，处方舟而不躁，喜迎阴晴圆缺，笑傲风霜雨雪；你就会更明白，只有抱着一颗常人的平常之心，去看待生命、去珍惜生命、生命才会更有意义。

追求新的目标和理想，永不嫌迟

人生的道路是曲折坎坷的，我们有过成功，也有过失败；有过快乐，也有过痛苦；有过狂风暴雨的摧残，也有过艳阳高照的沐浴。所有这些在经过沉淀以后都会变成一笔财富。有了这笔财富，有了一颗追求卓越的心，我们的人生随时都可以重新开始，我们随时都可以追求新的目标和理想。

这个世界上不会有人一生都毫无转机，穷人可能会腾达为富人，富人也可能沦落为穷人。富有或贫穷，胜利或失败，光荣或耻辱，所有的改变都会在一瞬间发生。

查尔斯在 41 岁前，一直住在纽约，负责长老会的宣传工作。他的足迹遍布了美国和加拿大的沿海一带，每天晚上，他都必须面对成千上万的人们演讲。除此之外，他还要主持哥伦比亚广播公司一个名为《上看生活》的节目，但是，在这一连串的传教过程中，他亲眼看到很多事与愿违的案例，许多人抱着对上帝绝对的信任，转过身却被残酷的现实推翻。此时此刻他对基督教的基本教义失去了信心，甚至还产生了怀疑，查尔斯在自主意识与忠诚于信仰之间不断地挣扎。

最后，他选择了离开教会。从教会里走出来的查尔斯，生活似乎走到了尽头，因为在这个完全无法回头的道路上，他的母亲患了癌症，而朋友们也因为他背离教会，纷纷与他断绝了往来，他的人生顿时跌入最低沉、最灰暗的世界。不过，查尔斯在回忆录里坚信："我不能再待在教会了，因为那样我将痛苦地隐瞒自己的置疑，让每天的生活除了谎言还是谎言，这不仅对自己不忠，更对信仰者不忠。当时，我坚决告诉自己：'只有先诚实地面对自己，才能诚实地面对别人。'"

于是，查尔斯租了一辆车，带着简单的行囊，往多伦多的方向前进。在前进的道路上，查尔斯不断思考自己的未来：我已经41岁了，如何重新开始？我能选择什么样的工作？什么才是最适合我的工作？有谁愿意雇用一个做过牧师工作的人呢？思索了许久，最后查尔斯决定编写剧本。查尔斯来到多伦多后，在很快的时间内完成了3套电视剧本，并成功地卖给了加拿大广播公司，不久，该公司制作人邀请他主持一个有关社会事务的节目。从此，查尔斯的人生有了新的开始。

今天既是结束，也是开始。人生就是这样的不断重新开始的过程，随时都可以有新的开始，新的希望，新的天空。

有一部电影，讲的是一个年轻人，因为自己恋慕已久的女人要嫁给一个富商，十分痛苦。从此自暴自弃，破罐破摔，每天喝得烂醉如泥，惹是生非。镇上的人见了他，纷纷侧目，迎面走过的人更是纷纷避让，生怕招惹祸端。一个在镇上颇有威望的老者见到他这副模样，于是呵斥他道："有本事你就把她追回来。"

"可是，她已经要嫁给别人了。"年轻人哀怨地说。

"如果你有本事，你就有机会，你还有时间，你需要的是振作！"老者义正词严地说。

"可我一无所有，怕是没什么指望了。"年轻人哀怨着。

"你还有今天，你还有明天，你还有一身的力气。"老者说道。

在老人的殷殷教诲之下，年轻人终于鼓起勇气，离开了小镇，远走他乡……3年后，年轻人回到镇上，找到了那位教诲他的老人。老人告诉他，那个女人已经嫁给了富翁。年轻人笑了笑，说："一切都已经过去了，你教给我的不是怎么娶一个女人，而是教会我做人的道理，这才是最重要的。"

相信你一定曾经看过，那些走在崎岖路上的人们，因为不敢或舍不得放弃而越陷越深，或许你本身就有一个这样的煎熬，然而，为什么明明知道已经错了，还是要继续错下去，或是已经深陷痛苦之中，却仍然不愿逃离出来呢？因为害怕，谁都害怕重新开始，谁也不想放弃前面付出的心力。其实，面对这些情况我们都明白该如何选择，只是内心充满着不舍，但换个角度想，明知这条路不适合自己，再走下去的结果是枉然的，何不立即放弃重新开始呢？不要因为惰性而越陷越深，也不要因为害怕而无法自拔。人生没有年龄限制，更没有性别区分，只要你有决心和信心，追求新的目标和理想，即使到了 70 岁也不嫌迟。

第九章

预见磨难，才能更好地避免磨难

预期最坏的情况，避免被恐慌冲昏头脑

一个人为什么会心态失常？恐怕至今没有人知道全部的答案。据医学专家和心理学家的观点，大多数情况很可能是由于恐惧和焦虑造成的。那些焦虑和烦躁不安的人，多半不能适应现实的世界，而跟周围的环境脱离了所有的关系，退缩到自己的梦想世界，以此来消除自己心中的忧虑。那么你是否想得到一个快而有效的消除忧虑的办法，让我们一起来看一看威利·卡瑞尔所发明的一个办法吧。

卡瑞尔是一个很聪明的工程师，他开创了空气调节器制造业，现在是位于纽约州著名的卡瑞尔公司的负责人。卡瑞尔消除内心烦恼和忧虑的方法独树一帜。

"年轻的时候，"卡瑞尔先生说，"我在纽约州水牛城的水牛钢铁公司做事。我必须到密苏里州水晶城的匹兹堡玻璃公司——一座花费好几百万美金建造的工厂，去安装一架瓦斯清洁机，目的是清除瓦斯里的杂质，使瓦斯燃烧时不至于损坏引擎。这种清洁瓦斯的方法是新的方法，以前只试过一次——而且当时的情况跟现在很不相同。我到密苏里州水晶城工作的时候，很多事先没有想到的困难都发生了。经过一番调试之后，机器可以使用了，可是成绩并不能好到我们所保证的程度。

"我对自己的失败非常吃惊，觉得好像是有人在我头上重重地打了一拳。我的胃和整个肚子都开始扭痛起来。有好一阵子，我忧虑得简直没有办法睡觉。

"最后，我的常识告诉我忧虑并不能够解决问题，于是我想出一个解决问题的办法，结果非常有效。我这个排除忧虑的办法已经使用了30多年。这个办法非常简单，任何人都可以使用。其中共有三个步骤：

"第一步，我毫不害怕而诚恳地分析整个情况，然后找出万一失败可能发生的最坏的结果。没有人会把我关起来，或者我的老板会把整个机器拆掉，使投进去的两万美元泡汤。

"第二步，找出可能发生的最坏的情况之后，我就让自己在必要的时候能够接受它。我对自己说，这次失败，在我的记录上会是一个很大的污点，可能我会因此而丢掉差事。但即使真是如此，我还是可以另外找到一份差事的。事情还可能比这更糟。至于我的那些老板——他们也知道我们现在是在试验一种清除瓦斯的新方法，如果这种实验要花他们两万美元，他们还付得起。他们可以把这笔账算在研究费用上，因为这只是一种实验。

"发现可能发生的最坏情况，并让自己能够接受之后，有一件非常重要的事情发生了。我马上轻松下来，感受到这几天来所没经历过的一份平静。

"第三步，从这以后，我就平静地把我的时间和精力，拿来试着改善我在心理上已经接受到的那种最坏情况。

"我努力找出一些办法，以减少我们目前面临的两万美元损失。我做了几次实验，最后发现，如果我们再多花5000美元，加装一些设备，问题就可以解决。我们照这个办法去做之后，公司不但没有损失两万美元，反而赚了1.5万美元。

"如果当时我一直担心下去的话，恐怕永远不可能做到这一点。因为忧虑的最大坏处，就是会毁了我集中精神的能力。在我们忧虑的时候，我们的思想会到处乱转，从而丧失所有做决定的能力。然而，当我们强迫自己面对最坏的情况，而在精神上接受它之后，我们就能够衡量所有可能的情形，使我们处在一个可以集中精力解决问题的位置。

"我刚才所说的这件事，发生在很多很多年以前，因为这种做法非常好，我就一直使用着。结果呢，我的生活里几乎完全不再有烦恼了。"

为什么威利·卡瑞尔的万能公式这么有价值，这么实用呢？从心理学上来讲，它能够把我们从那个巨大的灰色云层里拉出来，让我们不再因为忧虑而盲目地摸索，它可以使我们的双脚稳稳地站在地面上，而我们也都知道自己的确站在地面上。如果我们脚下没有结实的土地，又怎么能把事情想通呢？

应用心理学之父威廉·詹姆斯教授，已经去世38年了，如果他今天还活着，听到这个面对最坏情况的公式的话，也一定会表示赞同。因为他曾经告诉他的学生说："你要愿意承担这种情况，因为……能接受既成的事实，就是克服随之而来的任何不幸的第一个步骤。"

这就对了，一点也不错。在心理上就能让你发挥出新的能力。当我们接受了最坏的情况之后，我们就不会再损失什么，而这也就是说，一切都可以重新再来。"在面对最坏的情况之后，"威利·卡瑞尔告诉我们说，"我马上就轻松下来，感到一种好几天来没有经历过的平静。然后，我就能思考了。"

很有道理，对不对？可是还有成千上万的人，因为愤怒而毁了他们的生活。因为他们拒绝接受最坏的情况，不肯因此而改进，不愿意在灾难中尽可能地救出点东西来。他们不但不重新构筑他们的财富，却参与了"和经验所做的一次冷酷而激烈的斗争"——终于变成我们称之为忧郁症的那种颓丧的情绪的牺牲者。

总结如下，威利·卡瑞尔治疗忧虑万能公式的三大实施步骤是：

1. 问你自己"可能发生的最坏情况是什么"。

2. 如果你必须接受的话，就准备接受它。

3. 然后很镇定地想办法改善最坏的情况。

如果你想改变自己忧虑的心态，运用卡瑞尔万能公式，可以做一个无忧无虑之人。

在一开始做好准备，可以避免失败的结果

准备和失败是成反比的，你越轻视准备，失败就会越重视你。

拿破仑·希尔说："一个善于做准备的人，是离成功最近的人。"准备是一个人人生成功的最大保障，如果你不去为你的成功做充分的准备，那你就绝不会取得成功，因为成功绝不会怜悯没有准备的人。

在吸引了几乎全世界人眼球的拳坛世纪之战中，当时正如日中天的泰森根本没有把已年近40岁的霍利菲尔德放在眼里，自负地认为可以毫不费力地击败对手。同时，几乎所有的媒体也都认为泰森将是最后的胜利者。美国博彩公司开出的是22赔1泰森胜的悬殊赔率，人们也都将大把的赌注压在了泰森身上。

在这种情况下，认为已经稳操胜券的泰森对赛前的准备工作——观看对手的录像，预测可能出现的情况及应对措施，充足的睡眠和科学的饮食都敷衍了事。

但是，比赛开始后，泰森惊讶地发现，自己竟然找不到对手的破绽，而对方的攻击却往往能突破自己的漏洞。于是，气急败坏的泰森做出了一个令全世界人都感到震惊的举动：一口咬掉了霍利菲尔德的半只耳朵！

世纪大战的最后结局当然是：泰森成了一位可耻的输家，还被内华达州体育委员会罚款600万美元。

泰森输在准备不足，当霍利菲尔德认真研究比赛录像，分析他的技术特点和漏洞时，泰森却将教练准备的资料扔在了一边；当对手在比赛前拼命热身，提前进入搏击状态时，他却在和朋友一起狂欢。虽然泰森的实力确实比对手高出一筹，从年龄上也占尽了优势，但他最后一败涂地。

霍利菲尔德的成功和泰森的失败皆因准备。是的，每一件差错皆因准备不足，每一项成功皆因准备充分。

　　当然，在这种一战定胜负的比赛中，偶然性确实占了很大的比重。这个时候，比的并不是谁的实力最强，而是谁犯的错误最少。只有真正地重视准备，扎实地把准备工作都做到位，才能从根本上保证你不犯或少犯错误。

　　足球教练莫里尼奥也清楚地看到了这一点。在他担任葡萄牙球队波尔图的主教练，率领球队征战欧洲冠军联赛时，几乎没有人相信他们能杀入决赛，更别提夺取冠军了。但结果使所有人都大跌眼镜，这个从队员到主教练都籍籍无名的俱乐部，竟然得到了欧洲足球的最高荣誉。

　　确实，波尔图的队员们和皇马、米兰等大牌球队的球星相比，无论从名气上还是实力上都相差悬殊；当时的莫里尼奥和里皮、弗格森相比也不可同日而语。但莫里尼奥却有一个胜利的武器：对准备工作超乎寻常地重视。他几乎观看了所有对手最近的每一场比赛。可以说，所有对手的技术特点、战术风格、最近的状态……他都了如指掌。甚至对比赛当天的天气、场地草皮的状况，他都进行了详细的了解并制订了相应的对策。结果在决赛当天，他使用的队员、阵形、战术打法都直指对方的软肋，就像他夺冠后所说的那样："如果大家知道我们为了取得胜利而研究了多少场比赛，准备了多少资料，筹划了多少方案，你们就会认为这个冠军我们当之无愧。"

　　当时，有相当多的人认为莫里尼奥的成功只是运气好，再加上那些大牌球队在对无名球队时缺少重视和兴奋感，才让他捡到了一个冠军。其实，莫里尼奥的胜利是必然的，因为他的准备工作比任何人都充分，正是因为对准备超乎寻常地重视，才使他站到了欧洲足球之巅。

　　功成名就的莫里尼奥在夺冠的第二年来到了英超球队切尔西，这里汇集了很多世界级的大牌球员。当莫里尼奥和这些队员们第一次见面的时候，他所做的第一件事是打开随身携带的笔记本电脑，开始如数家珍地介绍这些球员：从技术风格、进球数、身高体重甚至详细到哪些是左脚打进的，哪些是右脚打进的都了如指掌。莫里尼奥的这一举动一下子就镇住了这些球星。不过，这只是开始，他们更没有想到的是，主教练这种近乎完美的准备工作会使他们在后面的比赛中取得一个又一个的胜利。

　　是的，在莫里尼奥的带领下，切尔西队不管是在国内联赛、杯赛，还是在欧洲冠军联赛，都取得了一连串的胜利。莫里尼奥出名了，但他在赢得别人尊重的同时，又被许多对手厌恶。喜欢他的人称他为"上帝第二"，讨厌他的人却称呼他"魔鬼"。

　　一个又一个让人始料不及的成功，使他成了"现象"。

　　现在，不管是欣赏他还是厌恶他的人，都开始研究莫里尼奥。他们总结了很多条，比如，善于用人、阵形选择合理、自信等。遗憾的是，却很少有人领会到莫里尼奥成功的真正原因——准备。

　　泰森的失败和莫里尼奥的成功都与一个共同的关键词有关，那就是准备，泰森不重视准备工作，轻敌大意，最后导致失败，而莫里尼奥却精心地准备各场赛事，所以他获得了巨大成功。

　　准备工作对每一个人都相当重要，如果你不重视准备工作，你就不会获得成功。事情看起来就是这么简单，只要你肯准备。

专注于目标和愿望则会使人忘记恐惧

目标赋予我们生命的意义和目的。有了目标，我们才会把注意力集中在追求成功上。我们才知道要往哪里去，去追求些什么。没有目标，生活就会失去方向，而人也成了行尸走肉。博恩·崔西说："成功就是目标的达成，其他都是这句话的注解。"现实中那些顶尖的成功人士不是成功了才设定目标，而是设定了目标才成功。

成功者总是对自己随时随地的去向一清二楚。他们目标明确，也会付出切实的行动。他们知道自己要的是什么，也知道在哪里可以得到它。他们确定目标，同时又决定通向那个目标必须走的道路。如果途中有让他们分心的地方，他们不会为了琐事去计较。他们前进的动力有自己明确的奋斗目标。

塞缪尔·斯迈尔斯博士是美国哈佛大学的心理教授，虽然已经70高龄了，却保有相当年轻的体态。有个年轻人去采访塞缪尔·斯迈尔斯博士。

"我在好多好多年前遇到过一个中国老人，"斯迈尔斯博士缓缓地说道，"那是二次大战期间，我在远东地区的俘虏集中营里。那里的情况很糟，简直无法忍受，食物短缺，没有干净的水，放眼所及全是患痢疾、疟疾等疾病的人。有些战俘在烈日下无法忍受身体和心理上的折磨，对于他们来说，死已经变成最好的解脱。我自己也想过一死了之，但是有一天，一个人的出现扭转了我的求生意念——一个中国老人。"

年轻人被斯迈尔斯博士的讲述深深地打动了。

"那天我坐在囚犯放风的广场上，身心俱疲。我心里正想着，要爬上通了电的围篱自杀是多么容易的事。一会儿之后，我发现身旁坐了个中国老人，我因为太虚弱了，还恍惚地以为是自己的幻觉。毕竟，在日本的战俘营区里，怎么可能出现一个中国人？

"他转过头来问了我一个问题，一个非常简单的问题，却救了我的命。"

年轻人马上提出自己的疑惑："是什么样的问题可以救人一命呢？"

"他问的问题是，"斯迈尔斯博士继续说，"'你从这里出去之后，第一件想做的事情是什么？'这是我从来没想过的问题，我从来不敢想。但是我心里却有答案：我要再看看我的太太和孩子们。突然间，我认为自己必须活下去，那件事情值得我活着回去做。那个问题救了我一命，因为它给我某个我已经失去的东西——活下去的理由！从那时起，活下去变得不再那么困难了，因为我知道，我每多活一天，就离战争结束近一点，也离我的梦想近一点。

"中国老人的问题不只救了我的命，它还教了我从来没学过，却是最重要的一课。"

"是什么？"年轻人问。

"目标的力量。"

"目标？"

是的，目标，企图，值得奋斗的事。目标给了我们生活的目的和意义。当然，我们也可以没有目标地活着，但是要真正地活着，快乐地活着，我们就必须有生存的目标。伟大的思想家爱默生曾说过："没有目标，日子便会结束，像碎片般地消失。"

目标，应该是明确的。成功学专家拿破仑·希尔说过，不甘做平庸之辈的人，必须要有一个明确的追求目标，才能调动起自己的智慧和精力。它能给你一个看得见的靶子，你一步一个脚印去实现这些目标，你就会有成就感，就会更加信心百倍，向高峰挺进。

一个成功的目标，对自己和家庭，从现实到长远利益都应是周全的。目标是一种持久的热望，是一种深藏于心底的潜意识。它能长时间调动你的创造激情，调动你的心力。你一旦想到这种强烈的愿望，就会产生一种原子能般的动力，就会有一种钢铸般的精神支柱。一想到它，你就会为之奋力拼搏，就会尽力完善自我。因为有坚定的目标，所以，一个人即使面对多大的困难，他都不会恐惧，他们决然不会轻易说"不"字。为了目标的实现，去勇敢地超越自我，跨越障碍，踏出一条坦途。

弗拉伦兹·恰克是第一个横渡英吉利海峡的女性。1952年7月4日，在浓雾当中，她走下加利福尼亚以西20海里的卡塔标纳岛，向加州游去，她要成为第一个横渡这个海峡的女人。

雾很大，甚至瞧不见领航的船只；海水冻得她浑身都麻木了，海中还有鲨鱼，时时在威胁着她。15个小时过去了，她感到自己不能再游了，她要放弃了。

她的母亲和教练在另一条船上。他们都告诉她离海岸很近了，叫她不要放弃。但她朝加州海岸望去。她发现，除了浓雾外什么也看不到。过了一会儿，在她的坚持下，人们把她拉上了船。

到了岸上，她渐渐觉得暖和多了。这时，她才发现，人们拉她上船的地点，离加州海岸只有半英里。一时间，她感受到了失败的打击。

后来，她不无懊悔地对记者说："说实在的，我不是为自己找借口，如果当时我能看见陆地，也许我能坚持下来。"

弗拉伦兹·恰克小姐一生中就只有这一次没有坚持到底。两个月后，她终于成功地游过了同一海峡。其实，令她半途而废的不是疲劳，也不是寒冷，而是因为她在浓雾中看不到目标。

目标的达到就是成功。如果你把目光始终看着自己制订的每个一个目标的实现上，你将会赢得人生，绝不会被小事拖累。一个人心中有精彩的目标，便会对生活、工作及获得成功始终保持旺盛的斗志，精力充沛，日新月异地昂首向前，不论在任何时刻都不会丧失热忱和创造力。

理性可以减少失败带来的恐惧

生活中，很多的错误与失败不是因为我们本身的能力不够，而取决于是不是在理性地做某件事，是不是保持一个清醒、冷静的头脑。当一个人具备了理性思维，处理事情就变得有条理，从而减少失误的发生，减少因失败带来的恐惧，进而带给人更多的快乐。

理性就是人们常说的"遇事不慌"。即要求我们在面对紧急的事或物时能够不紧张且熟练地操作和处理。理性是指人在正常思维状态下时，有自信与勇气地遇事不慌且能够全面了解和总结并尽快地分析后恰当地使用多种方案中的一种去操作或处理，以达到事件需要的效果。

理性是基于正常的思维结果的行为。反之就是非理性。我们常常在某些武侠影视中看到这样的场景：

在某个餐馆里，一位伸张正义的侠义之士正在低头吃饭，这时走进来几个耀武扬威的地头蛇，对店小二指手画脚，大声吆喝着，老板闻声赶紧出来招呼，上最好的饭菜，结果吃饱喝足了，拍拍屁股就想开溜。老板刚说出结账的话，就大打出手。

侠士最不能容忍的就是这样的事了，于是决定伸张正义，扫除恶霸。此刻，冲突立起，一场恶战就要发生。在这种情况下，往往会出现让人意外的情景，侠士总会静静地坐在那里，不动声色地吃自己的饭，任凭那些横行霸道的人围着他。

当拳头雨点般地落在侠士身上时，奇迹就发生了。虽然你看到，众人的拳掌几乎都要打到侠士的身上，而侠士还无动于衷，看热闹的人，都以为这位侠士必死无疑。只见侠士简单几招，就将这帮乌合之众打趴在地。这就是所谓的高手过招，只在瞬息之间。

奇迹发生在瞬息之间，简直让人难以相信。然而这又是人们不能不相信的事实。这说明理性是人们处理事情的一种应变思维，越是沉着冷静的人越是容易获得成功。

现实生活中，你不沉着不冷静地为人处世，过于冲动、浮躁，倒下的最终只会是你。《弟子规》中就告诫我们说："事勿忙，忙多错。"生活的经验也一再地提醒我们，做事情一定不能着急，着急就会出现很多不必要的失误和差错。心中沉稳冷静，做事忙而不乱，这才是做事的一个原则。

理性是人的一种优秀品质，每一个出众的人都应当具备。它的延伸可以是机智，可以是勇敢，可以是超凡的出众。所谓的急中生智，若没有理性的思维进行思考，就不会生出一点解决问题的机智。在众人的慌乱无措中，谁若能沉着理性地面对事情，他就会是事情的最终解决者。

在电影《教父》中，主人公麦克·柯里昂，在纷繁复杂的家族事务中，正是以他的理性、沉着、冷静而赢得了胜利。当众多的杀手意图要到医院谋杀他父亲时，他忙而不乱地先将身受五枪的父亲转移房间，后又在医院门口和一位偶然到来的看望父亲的面包师两人实施空城计，巧妙地吓走了到来的杀手。

事情过后，那个面包师因惶恐连烟都点不着了，而麦克却是从容不迫地帮他点上烟，机智而冷静地处理好了这一切的事情。正是由于麦克的超常的理性，在后来与毒枭和纽约的警长谈判时，当面枪杀了他们，从而成为西西里家族中的"英雄"。最终他顺理成章地担任了柯里昂家族的第二代领袖。

电影中将沉着冷静而又理性这种品质演绎到了极致，给人以强烈的震撼，从而让人们得以深刻地认识这一品质的可贵。中国历史上，关于理性赢得胜利的实例，是举不胜举的。魏晋时期的谢晋，面对前秦的80万大军，仍在家中与友人下棋，一切的战局只在他的帷幄之中，那是何等的自如。

理性如此重要，可以取决事情的成败，那么我们应该如何培养自己沉着、冷静的理性思绪，冷静的心态需要我们在处理问题时进行认真和多角度的思考与分析，换言之，就是在处理事情的时候，不要意气用事，而是要多思考、多分析。

相信大家都下过象棋，棋艺高超的人，在下每一步棋的时候，都会认真思考走动每一个棋子可能引起的下一步的棋局变化，如果一个人能够想到 5 步棋后的变化情况，就比一个只想到 3 步棋后的人要厉害，而能够在比赛中战胜他，这就得益于思考和分析。他最终能够战胜对手就是在于他在 5 步棋前就进行过冷静的思考和分析，所以他获得了胜利。

　　当我们在生活中面对复杂多变的局势时，当我们需要在某件事情上进行操作时，选择思考与分析是一种理智与冷静的表现。

 # 人生没有承受不了的事

　　人的潜力是惊人的，很多时候，你认为你承受不了的事，往往却能够不费气力地承受下来。人生没有承受不了的事，相信你自己。

　　你还在为即将到来或正发生在自己身上的不幸而恐惧担忧吗？其实，这些困难并不像你想象的那样可怕。只要你勇敢面对，你就能够承受得了。等你适应了那样的不幸以后，你就可以从不幸中找到幸运的种子了。

　　帕克在一家汽车公司上班。很不幸，一次机器故障导致他的右眼被击伤，抢救后还是没有保住，医生摘除了他的右眼球。

　　帕克原本是一个十分乐观的人，但现在却成了一个沉默寡言的人。他害怕上街，因为总是有那么多人看他的眼睛。

　　他的休假一次次被延长，妻子艾丽丝负担起了家庭的所有开支，而且她在晚上又兼了一个职。她很在乎这个家，她爱着自己的丈夫，想让全家过得和以前一样。艾丽丝认为丈夫心中的阴影总会消除的，那只是时间问题。

　　但糟糕的是，帕克的另一只眼睛的视力也受到了影响。在一个阳光灿烂的早晨，帕克问妻子谁在院子里踢球时，艾丽丝惊讶地看着丈夫和正在踢球的儿子。在以前，儿子即使到更远的地方，他也能看到。艾丽丝什么也没有说，只是走近丈夫，轻轻地抱住他的头。

　　帕克说："亲爱的，我知道以后会发生什么，我已经意识到了。"

　　艾丽丝的泪就流下来了。

　　其实，艾丽丝早就知道这种后果，只是她怕丈夫受不了打击而要求医生不要告诉他。

　　帕克知道自己要失明后，反而镇静多了，连艾丽丝自己也感到奇怪。

　　艾丽丝知道帕克能见到光明的日子已经不多了，她想为丈夫留下

点什么。她每天把自己和儿子打扮得漂漂亮亮，还经常去美容院。在帕克面前，不论她心里多么悲伤，她总是努力微笑。

几个月后，帕克说："艾丽丝，我发现你新买的套裙已经那么旧了！"

艾丽丝说："是吗？"

她奔到一个他看不到的角落，低声哭了。她那件套裙的颜色在太阳底下绚丽夺目。

她想，还能为丈夫留下什么呢？

第二天，家里来了一个油漆匠，艾丽丝想把家具和墙壁粉刷一遍，让帕克的心中永远有一个新家。

油漆匠工作很认真，一边干活儿还一边吹着口哨。干了一个星期，终于把所有的家具和墙壁刷好了，他也知道了帕克的情况。

油漆匠对帕克说："对不起，我干得很慢。"

帕克说："你天天那么开心，我也为此感到高兴。"

算工钱的时候，油漆匠少算了 100 元。

艾丽丝和帕克说："你少算了工钱。"

油漆匠说："我已经多拿了，一个等待失明的人还那么平静，你告诉了我什么叫勇气。"

但帕克却坚持要多给油漆匠 100 元，帕克说："我也知道了原来残疾人也可以自食其力生活得很快乐。"

油漆匠只有一只手。

哀莫大于心死，只要自己还持有一颗乐观、充满希望的心，身体的残缺又有什么影响呢？要学会享受生活，只要还拥有生活的勇气，那么你的人生仍然是五彩缤纷的。

人的潜力是无穷的，世界上没有任何事情能够将人的心打倒。只要相信自己，人生就没有承受不了的事。至于受老板的责骂，受客户的折磨这种小事，你还会在乎吗？

第十章

常存一颗平常心

积极的痛苦是人生必须承受的

我们承认人生苦难重重这一事实，鼓励人们直面痛苦。但并不意味着我们需要承受一切痛苦。痛苦可分为消极的痛苦和积极的痛苦两种。积极的痛苦对人有所裨益，是人生必须承受的，而消极的痛苦则应该尽力摆脱。

那么如何定义积极和消极的痛苦呢？举个简单的例子，孩子长大后，他们要离开父母开始自己的人生，这时父母会觉得很痛苦。朝夕相处了十几年，孩子突然离开，父母会感到寂寞、失落和难过。但我们必须承受这些痛苦，我们不能为了不承受这样的痛苦，而去阻碍孩子开始自己的人生，这就是"积极的痛苦"。

消极的痛苦就是你为孩子离开家庭整日焦虑不安，一会儿无端地担心他会出车祸，一会儿又没有缘故地担心他会碰上歹徒的袭击，甚至还为自己没能照顾他的生活起居而自责。消极的痛苦不仅不能提升我们的生活质量，还将妨碍我们的生存，阻止我们心智的成熟。

如何辨别消极与积极的痛苦，面对心灵和人生的灾难，有一个简单的方法可以帮助你区别并清理痛苦，克服障碍。它包括三个步骤：

首先，无论何时，当你感到了心灵的痛苦，就可以自问："我的痛苦是积极的还是消极的？这一痛苦是帮助我成长还是限制了我的成长？"也许，在刚开始的时候，你可能无法分辨且难以回答。但只要坚持下去，答案就会非常清楚。例如，如果你要到某地参加会议，你就会为不知如何到达而焦虑不安，于是这种焦虑便会促使你去看地图或向朋友打听。如果你不为此不安，也许会迷路，从而错失一场有益于自身成长的讲座。所以，我们需要一些不安才能好好活着。

然而，如果你这么想："要是在去参加讲座的途中遇到堵车，怎么办？就算我到达了讲座的地方，我找不到停车位，怎么办？很抱歉，去听这场讲座，超过了我能力所及。"这种不安不仅不会为你的生活带来帮助，反而带来限制，这显然是一种消极的痛苦。

逃避痛苦是人类的天性，就像欢迎一切痛苦是很愚蠢的一件事，逃避所有痛苦也同样愚蠢。我们在生命所做的基本抉择之一，就是必须分辨积极性与消极性痛苦。

其次，如果你确定正在经历的痛苦属于消极性的，并妨碍了你的正常生活，那么接下来就要自问："如果没有这些痛苦，我应该怎样做呢？"

最后，进入第三步：按照你的假设去行动。

我们接着上面的情景讲下去。假如你已经按时到达讲座的地点。主讲者是一位心理学方面的著名教授。他的演讲深入浅出、精彩无比，让你受益匪浅。在演讲结束后的自由提问时间，你想提一些问题，一些你正急需解决的问题，如果可以的话还想表达一些自己的观点——不管是公开说，还是在演讲后私下交流都行。但是，思考再三你还是决定不提问了，因为你太害羞了，你害怕被教授拒绝或担心别人认为自己问的问题像个傻瓜。

你终于问自己："你这样顾前顾后，什么问题都不敢问，这会有助于你的成长吗？你本应该提问，但害羞让你退缩了回来，害羞究竟是在帮助你，还是在限制你？"一旦这样自问，答案就一清二楚了，害羞限制了你的发展。接下来你问自己："如果不这么害羞的话，你应该怎么做呢？"答案很清楚，即走向演讲人说出你要说的话。

所以接下来就按自己想的答案去表现，像你从不害羞那样去行动。

也许这样做会让你胆怯，但这正是勇气之所在。什么是勇气，勇气不是不害怕，而是尽管你感觉害怕，仍能迎难而上；尽管你感觉痛苦，仍能直接面对。当你这样做的时候，会发现战胜恐惧不仅使你变得强大，而且还让你向成熟迈进了一大步。

真正的成熟不在于你是否西装革履、谈吐文雅，而在于你是否能分辨出该承受的痛苦，并积极地面对。积极的痛苦总是能启发我们的智慧，激发我们的勇气，把成熟视为一种责任，作为一个机会，勇敢地实现生活的目标。

你是现实生活的问题解决者

　　浮躁已经成了整个社会的通病。很多人做事都急于求成，不愿意踏踏实实地去努力，总想走捷径、"抄近路"。

　　一个屡屡失意的年轻人，慕名来到普济寺拜访高僧释圆，沮丧地对释圆说："人生总不如意，活着也是苟且，有什么意思呢？"释圆静静地听着年轻人一次次地叹息与抱怨，感慨命运不公，抱憾生不逢时。等年轻人把苦水吐得差不多了的时候，释圆转过身吩咐小和尚说："施主远道而来，烧一壶温水送过来。"不一会儿，小和尚送来了一壶温水，释圆抓了些茶叶放进杯子，然后用温水沏开，放在茶几上，微笑着请年轻人喝茶。杯子冒出微微的水汽，茶叶静静地浮着。年轻人不解地询问："宝刹怎么喝温茶？"释圆笑而不语。年轻人喝一口连忙摇摇头："一点茶香都没有啊。"释圆说："这可是闽地名茶铁观音啊。"年轻人又端起杯子品尝，然后肯定地说："真的没有一丝茶香。"

　　释圆听后，又吩咐小和尚说："再去烧一壶沸水送过来。"又过了一会儿，小和尚提着一壶冒着浓浓白气的沸水进来。释圆起身，又取过一个杯子，放茶叶，倒沸水，再放在茶几上。年轻人俯首看去，茶叶在杯子里上下沉浮，丝丝清香不绝如缕，令人望而生津。年轻人欲去端杯，释圆作势挡开，又提起水壶注入一线沸水。茶叶翻腾得更厉害了，醇厚醉人的茶香袅袅升腾，在整个禅房里弥漫开来。释圆这样注了5次水，杯子终于满了，那绿绿的一杯茶水，端来清香扑鼻，喝来沁人心脾。

　　释圆笑着问："施主可知道，同是铁观音，为什么茶味迥异吗？"年轻人思忖着说："一杯用温水，一杯用沸水，冲沏的水不同。"释圆点头："用水不同，茶叶的沉浮就不一样。温水沏茶，茶叶轻浮于水上，怎会散发清香？沸水沏茶，反复几次，茶叶沉沉浮浮，释放出四季的风韵：春的幽静、夏的炽热、秋的丰盈、冬的清冽。茶的味道也能得到真正的释放。世间芸芸众生，也和沏茶是同一个道理。沏茶的水温度不够，就不可能沏出散发诱人香味的茶水；自己的能力不足，要想处处得力、事事顺心，自然很难。要想摆脱失意，最有效的方法就是苦练内功，烧一壶沸水，切不可浮躁。"年轻人听后默然不语。

一遇到挫折、坎坷，首先不是去反省自己的努力够不够，而是先抱怨生不逢时，遗憾没有生在一个震古烁今的年代，没有给自己一个公平合理的环境去打拼天下。可是，这样的一颗心就如同在温水中浮起来的茶叶，只能漂浮，却沏不开自己的香味。

所以，年轻人要想有所成就，首先就要沉下心来苦练内功，因为只有功力到了，一切问题才能解决。用吉祥上师的话来说："面对人生的不如意，一个人所要做的就是尽量改变自己能够改变的部分。"简而言之，人生的很多不圆满只能由自己去化解。就像那句俗语所说："自己的梦总还是得自己圆。"我们只能在拯救自己的同时，用努力和诚意来打动上天。而所谓"自助者天助"，说的也是这个意思。

曾经有一个关于美孚石油公司的故事，故事发生在 1947 年。

美孚石油公司董事长贝里奇到开普敦巡视工作，在卫生间里，看到一位黑人小伙子正跪在地上擦洗黑污的水渍，并且每擦一下，就虔诚地叩一下头。贝里奇感到很奇怪，问他为什么要这样做，黑人小伙子答道："我在感谢一位圣人。"

贝里奇好奇地问他："为什么要感谢那位圣人？"小伙子说："是他帮助我找到了这份工作，让我终于有了饭吃。"贝里奇笑了，说："我也曾经遇到过一位圣人，他使我成了美孚石油公司的董事长，你想见见他吗？"小伙子说："我是个孤儿，从小靠教会养大，我一直都想报答养育过我的人。这位圣人如果能让我吃饱之后，还有余钱，我很愿意去拜访他。"

贝里奇说："你一定知道，南非有一座有名的山，叫大温特胡克山。据我所知，那上面住着一位圣人，他能给人指点迷津，凡是遇到他的人都会有很好的发展前途。20 年前，我到南非时登上过那座山，正巧遇上他，并得到他的指点。如果你愿意去拜访他，我可以向你的经理说情，准你一个月的假。"这位小伙子是个虔诚的教徒，很相信神的帮助，他在谢过贝里奇后就上路了。

30 天的时间里，他一路披荆斩棘，风餐露宿，终于登上了白雪皑皑的大温特胡克山。然而，他在山顶徘徊了一整天，除了自己，没有遇到任何人。他不得不失望地回来了。当他见到贝里奇后，说的第一句话就是："董事长先生，一路上我处处留意，但直到山顶，我发现，除我之外，根本没发现什么圣人。"贝里奇说："你说得很对，这个世界上能够挽救你的圣人，首先就是你自己。"

20 年后，这位黑人小伙子成为美孚石油公司开普敦分公司的总经理，他的名字叫贾姆讷。

这样的传奇其实每天都在上演，而坐在释圆和尚身边抱怨不迭的小伙子，也每天都会在我们身边出现。这个世界的五彩斑斓总是这样的，有一些人在披荆斩棘、风餐露宿中发现了只有自己才能解救自己；而有些人却只能守着一壶温水，抱怨茶味不香。对于人们来说，该如何选择，恐怕是不言而喻的吧。

不要盯着不属于自己的东西不放

生活中，很多人不停地追求越来越高的物质生活，他们好像从来就不曾满足过，幸福的滋味对他们而言好像只在梦里似有似无地出现过，生活被他们搞的也是焦虑不堪。为什么会这样，是因为他们的贪欲在作怪。如果他们能静下心来，思考一下如果自己不像现在这么贪婪就好了。

事实就是如此，我们每一个人都可以品尝幸福的滋味。只要我们顺着自己的本性，不妄自攀比，不向外强求，我们获得的很多东西将使我们感受到幸福。但是，一旦我们陷入了贪婪之中，总是和别人作比较，我们是不会感到幸福的。而有些追求简单的人，他们没有强烈的物欲，邪恶也不会侵袭他的身心，他们却可以比谁都幸福。

佛陀出家成道之后，他的儿子、孙子都相继跟他出家了。佛陀只好在王族中找了一个叫跋谛的人继承了国家王位。哪知道跋谛当上国王不久，国家就灭亡了，跋谛也跟着佛陀出家了。

跋谛出家之后，每天三呼："我真快乐！我真快乐！我真快乐！"其他弟子听了之后，以为他舍不下过去的荣华富贵，断不了尘根，在那里自我安慰，都很鄙视他。

佛陀于是叫来了所有的弟子，当面问跋谛："你忘不了过去的快乐时光吗？为什么总大喊三声我很快乐？"

跋谛说："佛陀，我并没有回想过去不快乐，而是因为我现在很快乐啊。过去我每日担惊受怕，怕别人贪图我的国家，怕别人伤害我的性命，所以我过得很苦。而今我虽然出家，过着清贫的日子，但是我心中非常满足，因为我有饭吃，能睡觉，自由自在，我怎么能不快乐呢？"

有饭吃，能睡觉，自由自在，人得这三者，还有什么不满足呢？

难道锦衣玉食、奢华生活就能够让人自由自在吗？

对物质上不过分追求是一种心理健康的表现，而永不餍足则是一种畸形心理，其病因多是权力、地位、金钱之类引发的。这种病态如果发展下去，人心就成了饕餮，其结局是自我爆炸、自我毁灭。世间一切我们能抓住的只是很少的一部分，又何苦为了抓住更多而失去更多呢？

佛陀派阿难外出化缘，阿难托钵行走，路遇一对穷人，一个少年正在扶着一个老妇人，看上去像是母子，二人身着破烂的衣服，看起来似乎是乞丐。

那个小乞儿将老妇人背到了一棵大树下对老妇人说："母亲，我去祈求些饭菜，您在这里等我。"于是起身离开。老妇人在乞儿走开的时候脸上露出了满足的笑容，笑容中的美感令阿难深为感动，那是安详而欣慰的笑容，没有对生活的怨怼，反而是充满爱和希望。

不久，阿难看到那乞儿托着化缘来的一碗汤饭，欢欢喜喜地回来，并将汤饭高高举过头顶，跪下来如同供奉神明一样举给母亲，并一口一口地喂母亲吃饭，期间不忘问母亲是否饱足。

老妇人吃饱之后，乞儿还给她拭嘴，这才又到人群中给自己讨饭吃。

阿难正在替乞儿担忧，怕他饿了肚子，却见他捡起地上别人丢弃的食物果腹，然后回头找自己的母亲，将母亲背走了。

这对乞丐母子虽然过得非常辛苦，却一派母慈子孝的模样，让阿难颇受触动：即便卧于淤泥，吃着陋食，却能安贫乐道，满心欢喜，知足得乐，应该受到敬重。

生活让我们明白：即使你拥有整个世界，你一天也只能吃三餐。这是思悟后的一种清醒，谁真正懂得它的含义，谁就能活得轻松、过得自在，白天知足常乐，夜里睡得安宁，走路感觉踏实，蓦然回首时才会没有遗憾！

人赤条条地来到这个世界上，不可能永久地拥有什么。现代西方经济学最有影响力的经济学家凯恩斯曾经说过，从长期来看，我们都属于死亡，生命是这样短暂，即使身在陋巷，我们也应享受每一刻美好的时光。

幸福不在万物之中，它存在于看待万物的自身态度之中。如果你总认为自己拥有的还不够多，想要的还很多，你就会无视自己手中的幸福，而一心盯着那些不属于你的东西，如果在欲望的追求中度过一生，那么人生就没有什么幸福可言了。

用平常心生活，不过分苛求得失

"心平常，自非凡"，生活当中，很多人并不是被自己的能力所打败，而是败给自己无法掌控的情绪。人生不如意之事十有八九，在现实生活中，在激烈的竞争形势与强烈的成功欲望的双重压力下，许多人往往会出现焦虑、急躁、慌乱、茫然等困扰生活的情绪，这种情绪一齐发作，常常会让人丧失对自身定位的能力，变得无所适从，从而大大地影响了个人能力的发挥，使自己的效能大打折扣，生活也因此变得混乱不堪。

可是，如果我们能沉住气，怀一颗平常心，不过分苛求得失，反而能在不经意间收获成功。就像有人说的，一个人只有心稳了，手才稳，事才稳。

2004年8月21日，在雅典奥运会女子75公斤以上级别举重比赛中，在抓举比赛结束后，唐功红的成绩依然靠后，夺金形势堪忧。但好在挺举是她的优势，如果唐功红今天超常发挥，仍然有机会向金牌发起冲击。挺举比赛开始，在抓举中成功举起125公斤的美国选手哈沃蒂第一把就成功举起了150公斤，第二把又举起了152.5公斤，第三把举起了155公斤，总成绩280公斤。而在前两次失败后，乌克兰选手维克托第三次终于成功举起了150公斤，总成绩也是280公斤。波兰选手罗贝尔第一把成功举起了165公斤，但在第二把167.5公斤时重心偏后失败，第三次试举失利，最终成绩295公斤。韩国选手张美兰出场第一把就成功举起了165公斤，但在举170公斤时告负，第三次试举时，张美兰举起了172.5公斤，给唐功红夺金增添了不小的难度。

轮到唐功红出场了，抓举落后对手7.5公斤的她，必须奋力一搏。这时候她心里只想着一句话，那是教练对她说过的——"拼了，你随意去举，举起举不起都是英雄，死也要死在举重台上。"

此时的杠铃重量已是172.5公斤，第一举重心偏后没有成功。第二次登场，唐功红咬紧牙关，成功举起了这一重量，显示了她超群的挺举实力。第三把唐功红要了182公斤，只见她顶住压力，顽强挺举了这个重量，最终以302.5公斤拿到了这块金牌，打破了挺举和总成绩的世界纪录。

"拼了，你随意去举，举起举不起都是英雄，死也要死在举重台上。"勇者的气魄在这一刻展现得淋漓尽致。这时候的唐功红心里并没有想着要赢、要胜利，她想的只是尽力而为。

最终，她以一颗平常心收获了沉甸甸的奖牌。

无论做事还是做人，我们除了要善于抓住时机，懂得运用必要的技巧之外，还需要沉得下心来，保持一颗平常心。这种平常心，对于一名想要有所成就的人来说是十分重要的。

所谓平常之心，就是不能只想成功，而拒绝失败、害怕失败，要能正确对待成功与失败。成功了，不骄傲自满，不狂妄自大；失败了，也应该平静地接受。失败也是生活中不可缺少的内容，没有失败的生活是不存在的。生活中没有常胜将军，任何一个渴望成功的人，都应该以一颗平常心平静地接受生活给予的各种困难、挫折和失败。

张薇大学毕业后求职受挫，最后终于在一家小公司里谋得一份业务员的工作。尽管这份工作与她名牌大学的学历不符，但她并不计较，因为她懂得：一个人只有让自己的心灵回归到零，保持一颗平常心，学会忍耐，才能在这个社会上立足，才会取得事业的发展。面对刁钻的同事和无理取闹的客户，她时刻提醒自己：我是在学习，我要坚持。她咬紧牙关，忍受着各方面的压力，在一次次的挫折中总结经验、积攒力量。两年后，凭借出色的业务能力、坚忍的态度和坚韧的品格，她成为该公司的业务经理。

生活中，这种不计较得失、不苛求回报的平常心是非常重要的。

无论面对成功或失败，都必须保持一种健康平常的心态。保持一颗平常之心，并不是放弃进取之心、成功之心，而是通过平常之心，使进取之心、成功之心得到升华。保持平常心，实质是让外在的世界和内心保持一个平衡点，有了这种平衡，悲、欢、离、合皆能内敛，人会少些焦虑、少些浮躁，多一份安适、多一份恬静，心似一泓碧水，清澈明亮，继而胸襟为之开阔。而这，才是真实而快乐的人生。

　　要保持一颗平常心，要培养顺其自然的心态。你要让自己的心情彻底放松下来，要沉得住气，不要让欲望牵着你到处奔跑，让脚步随着心态走，让浮躁的心安顿下来，这样你就会体会到海阔天空。事实上，你对生活多一分平常心，也就收获多一分的从容和洒脱。

现实主义比悲观主义要好

所谓的现实主义者，就是在看问题的时候能实事求是，不夸大也不缩小，也就是说，他们能够正常化地看问题。

而悲观主义是一种与乐观主义相对立的消极的人生观。悲观主义者认为恶（消极）是统治世界的决定力量，人生注定遭受灾难和苦恼，善良和积极根本毫无意义。

很明显，悲观主义者的思想是极端的，是片面的。事实上，现实社会不是由悲观的力量主宰的，一个人之所以觉得生活是无意义的，主要是因为他们的心是悲观的。换句话说，现实的情况或许根本没有悲观主义者眼中那么不乐观，只是他们以自己悲观消极的想法看待客观世界，把现实或多或少地丑化了。

与悲观主义者相比，现实主义者能够正确看待问题，正确定位自己，即便是遇到困难，他们也会从实际出发去解决问题，而不是一味抱怨自己的命不好，一味抱怨上天对自己不公平，更不会夸大事情的消极面。

一位著名女导演大学毕业后的第一份工作实际上是做场记，作为新人，其实就是打杂的。而第一天接到的第一个任务竟然是抄写电话簿——导演让她把一本厚厚的电话簿抄写到一个新的本子上。

一个大学毕业生干上了抄写员的工作，在很多人看来这着实让人郁闷、让人痛苦。但这位女大学生并没有多想，而是花了好几天时间认认真真地把活儿干完，然后交到导演手里。结果不久她就被导演提拔为副导演，此后她的导演之路开始一帆风顺起来。

多年后，她有一次问起带她入门的导演，为什么当年对她这么信任，没多久就能把副导演的工作交给她。导演告诉她，就是她抄写的电话簿让他对她的看法有了质的突破。当初让她抄电话簿，因为觉得她是个新人什么都干不了。可是当一本工工整整的电话簿交到自己手里时，导演知道这是个认真仔细的人——这样的人在工作上值得信赖。

很多新人面对这样的情况，要么抱怨上司不理解自己，要么抱怨现实太过冷酷，上天对自己不公平，而现实真的是这样吗？其实不然，并不是外界对自己多残酷，也并不是命运不公平，而是他们自己没有正确认识自己的能力。

其实，在生活中，很多事情也是这样，现实的人能看到事情好的一面，也能承认暂时的困难，而悲观的情绪则会使一切变得灰暗。因此，我们要让自己的生活变得明朗，就要摆脱这种悲观情绪，就需要进行积极的心理调适，让悲观离开我们的生活。

1. 做一张"乐观、悲观对照表"

做一张"乐观、悲观对照表"：在一张大白纸上画一条竖线，分成左右两栏，左边写上乐观，右边写上悲观，然后把它贴在床头。每天睡觉之前，把心中乐观的和悲观的感觉如实地写在表的左右两栏，全部写完以后，把悲观的部分用黑笔一个个地画掉，同时把悲观的感觉从心里赶出去，然后看着乐观的部分，出声念一次。这样心中就会和这张表一样，充满乐观的感觉。

有时虽然会发现悲观的因素占多数，但也无妨，只要你有勇气把它画掉，你就能够战胜它，同时还能增加你的自信。掌握了诀窍，不写在纸上也可以，在脑中、在心里也有效。

2. 笑疗

可以尝试每天大笑三次。方法是看喜剧、听相声等，很快便会有悲观情绪减轻的感觉。

3. 暂时回避挫折

遇到情绪扭转不过来的时候，不妨暂时回避一下。只要一曲音乐，就会将你带到梦想的世界。如果你能跟随欢乐的歌曲哼起来，手脚拍打起来，无疑，你的心灵会与音乐融化在纯净之中。同样，看场电影、散散步、和孩子玩玩，都能把你带到另一个情绪世界。

尼采曾经说过："受苦的人，没有悲观的权利；失火时，没有怕黑的权利；战场上，只有不怕死的战士才能取得胜利；也只有受苦而不悲观的人，才能克服困难，脱离困境。"

第十一章

心情舒畅是解压的最好方式

用幽默的眼光去看世界

积极心理学很重要的一部分内容就是幽默，它几乎与我们对世界的理解的各个方面都有关。提到幽默的时候，我们会想到卓别林、钱钟书、林语堂等幽默大师。其实，幽默不仅仅是大师们的通性，是语言和表演的高级形式，也是一种对健康有很多帮助的良药。

当你发笑的时候，15 块面部肌肉都会动起来，你的颧肌正在提拉你的嘴唇。从生理动作上来说，笑这个动作是很神奇的，有人类学家甚至认为笑是人类文明的一个革命性的表情。笑会让血压变得更低，让全身的细胞都活动起来。如果你大笑两分钟，消耗的能量相当于跑了一个长跑。

幽默会带给我们身体和精神上巨大的益处。研究表明，一点点幽默也会增加我们的免疫能力。例如，让一个人看一个搞笑的视频，一个人看一个中性的视频，一个人看一个悲伤的视频，把手都放在冰水之中。结果发现，看搞笑视频的会显著地比其他的人忍受得更持久。这就是幽默神奇的地方。幽默可以改变我们身体的化学物质分泌，可以改变我们的免疫系统等。

曾经有人在课堂上做过一个调查，问在座的人有多少人因为另一个人赚的钱不够，而不会去和那个人约会？在被调查的人当中，只有少数人举手，而当问到有多少人因为发现对方完全没有幽默感而不会去和他约会时，几乎每个人都举手了。可见，与一个没有幽默感的人约会，无疑是一种折磨。

托尼·贝克研究人们写日记的情况后得到一个结论，当我们开始写日记的时候，神经活动的水平会有一个大幅度的上升，幽默也是同样的情况。当幽默超过了一定的限度，也会给人一种短暂性的压力提升，但之后还会回到正常水平。因此，幽默可以成为一种有效的治疗性手段。例如，大家围成一个圈子，每个人把头放在另外一个人的肚子上，其中一个人"哈"一下，第二个"哈哈"两下，这样轮一圈，直到每个人都同时哈哈笑起来，这样的话每个人到最后都会觉得自己的幸福度提升了。

幽默还允许我们去改变自己的生活境况，在过去我们认为不好的，或不安的事物，也许用一种幽默的方式来理解就是一种幸运的快乐的事情。

既然我们知道了幽默的种种好处，就要问这样一个问题："我们能不能学习幽默，就像我们能否学习幸福一样？学习幽默的重点又是什么呢？"

《幸福的方法》一书的作者，哈佛著名的幸福课老师沙哈尔向我们介绍了5种提升幽默感的方式。

1. 把自己的小故事记录下来

当你写日记的时候，回顾自己的一天，记录下那些积极的经历，然后分析一下这件事有趣或者幽默的成分。这样做的时候，大脑会形成一种正面思考的模式，我们总是会寻找生活中幽默的一面。

其实这也是在说，我们要将注意力放在幽默的有趣的事情上。

2. 观察幽默的人

当我们观察幽默的人时，其实我们是在从他们身上学会幽默的节奏。幽默的人其实都有一种节奏，你可以通过现场观察来学习。你有意识或者无意识地就学会了别人的这种模式，用一种新的思维方式来替代过去的缺少幽默的方式。因此，我们的生活中一定要有一些幽默的人存在，或者是我们制造一些幽默的人存在——去读马克·吐温的作品，读钱钟书和林语堂，我们也可以尝试着用一种幽默的眼光去读那些名著。俗话说，熟读唐诗三百首，不会作诗也会吟，当我们熟读幽默大师的作品时，我们自己的节奏也就会变得幽默了。

3. "为什么我这么搞笑？"

也许你并不是一个搞笑的人，但是如果你这样问问自己的话，也许真的会变成一个很会搞笑的人。这就像很多书里面提到的：积极的暗示。我们会成为我们暗示的那种人，如果你自觉自己很幽默，也许真的会变成一个极其幽默的人。

4．"为什么别人看不到我这一点？"

一直持续不断地问自己这个问题，它绝对会提升你的自尊心。也许帮助你改进自己的说话方式，让更多人感受到你的幽默。

5．允许自己变成次等人

很多人缺少幽默感，就是因为自尊心过于强烈，不允许别人对自己开一点点玩笑。有时候朋友之间会因为好玩而相互地"损"一下，如果你因此而大发雷霆，那么大家都会把你当成地雷敬而远之。正如老师的调查所言，没有人愿意和缺少幽默感的人约会。如果我们不允许自己暂时性地变成次等人，那么我们就不能允许自己自嘲、处于尴尬之中，这样我们也就难以看到自己身上的潜力。

音乐是对心灵最好的滋养

美妙的音乐总是能用婉约动人的旋律演绎至真至纯的原生状态。让你一如亲临大自然般回应着自然界的呼吸与声响，感受着与大地相融一体的喜悦，给喧嚣的都市注入自然的清新与纯净。音乐治疗身心疾病早已被人们青睐，北宋文学家欧阳修患抑郁症，经多方医治，不见疗效，后来他向朋友学抚琴，慢慢病情就好转了。

音乐治疗不同于一般的音乐欣赏，它是在特定的环境气氛和特定的乐曲旋律、节奏中，使心理上产生自我调节作用，从而达到最佳效果。音乐治疗每日2~3次，每次以30分钟左右为宜。

暴躁在五行中属"火"，这类人做事爽快，爱夸夸其谈，争强好胜，办事稍有挫折易灰心丧气。平时未发作时，应引导积极的一面，听些徵调音乐，如《步步高》《狂欢》《解放军进行曲》《卡门序曲》等，这类乐曲旋律激昂欢快，符合这些人的性格，能使人奋进向上。在情绪急躁发火时，应听些羽调式音乐，如小提琴协奏曲《梁祝》《二泉映月》《汉宫秋月》等，能缓和、制约、克制急躁情绪。

压抑在五行中属"土"，这些人多思多虑，多愁善感。平时应多听宫调式乐曲，如《春江花月夜》《月儿高》《月光奏鸣曲》等，这些曲目风格悠扬沉静，能抒发情感。当遇到挫折，情绪极度恶劣时，应听角调式音乐，如《春之声圆舞曲》《蓝色多瑙河》《江南丝竹乐》，此类乐曲生气蓬勃、清澈馨香，如暖流温心、清风入梦，使其从忧虑痛苦中解脱出来。

悲哀在五行中属"金"，在人们悲痛欲绝、欲哭不能的情况下，应给予引导排遣。听商调式乐曲，如《第三交响曲》《嘎达梅林》《悲怆》等，能发泄心头郁闷，摆脱悲痛，振奋精神。

对于久哭不止，极度悲伤的患者，应听徵调式音乐，如《春节序曲》《溜冰圆舞曲》《闲聊波尔卡》等，其旋律轻松愉快、活泼，能补心平肺，摆脱悲伤与痛苦。

愤怒在五行中属"木"，在愤怒万分、压抑心头时，应听角调式乐曲，疏肝理气，如《春风得意》《江南好》，及克莱德曼的现代钢琴曲等，在愤怒已极、大动肝火时，应以角调式乐曲，佐金平木，如德沃夏克《自新大陆》、艾尔加《威风堂堂》等。

绝望在五行中属"水"，这些人多因遇到大的挫折及精神创伤，对生活失去信心，产生绝望，故必须以欢快、明朗的徵调式乐曲，如《轻骑兵进行曲》《喜洋洋》，及中国的吹打乐等，重新唤起对美好未来的希望。

定期旅行，与自然对话

唐代诗人杜甫，一生热爱大自然，把大自然当作最好的医生。他曾经写过这样的一首诗："清江一曲抱村流，长夏江村事事幽。自去自来梁上燕，相亲相近水中鸥。老妻画纸为棋局，稚子敲针作钓钩。多病所需唯药物，微躯此外更何求。"

这首诗的大意是：人有了病之后，不要精神不振，更不要失去生活的信心，自寻烦恼。要多去环境幽静的地方散心解闷，看一看自由自在的飞燕、相亲相爱的鸥鸟，寻找生活中的乐趣，这样便可心悦而减少疾病。另外，要治病，除了吃药外，还可以下棋以怡心，钓鱼以抒怀。

如果你把自己融入大自然中，大自然就会敞开心胸，把日月星辰、山山水水、花草树木、飞禽走兽、空气海洋无私地赐给你，就看你会不会热爱它，会不会利用它。如果你热爱它、亲近它，就能与其和谐相处，并且拥有金钱买不到的健康。

现代人大多生活在都市中，平时接触的都是高楼大厦、车水马龙，他们远离大自然，完全生活在钢筋水泥筑成的城市森林中，时间长了，就会有许多的烦恼。城市污浊的空气对我们的健康是非常不利的，利用闲暇走出城市，走进大自然，相信你一定能收获很多。

某地有个远近闻名的长寿村，那里环境幽美，树木茂盛，空气清新，泉水甘甜。据说，这个村里百岁以上的老人就有50多人，下地干活儿的八旬老翁屡见不鲜。

有位健康专家到那里进行了深入调查后，得出的结论是：这里之所以生病的人少，长寿的人多，全都是大自然的恩赐。

大自然是造物主赐给人类的最高享受，谁能与大自然亲近，谁就能拥有健康。所以，希望人们能把休闲的地点更多地放在大自然中，而不是咖啡厅或其他聚会场所。

大自然是大地上至今还没有充分开发的地方所呈现的景象，是这个世界的营养，我们所有人的身心都需要它的滋补。

大自然给孩子们提供了一个家长之外，比父母更为年长的世界——就像更博大精深的父母；自然能让孩子们感受到他们在时间长河中的位置。与电视不一样，大自然不会从成人或者儿童生命中偷走时间；相反，它会把人与自然接触的那段时间延续下去，让它更加充实、更加丰富。

大自然可以培养孩子们的创造力，在一定程度上，自然界调动了孩子们的直观想象力，让他们可以充分利用感官能力。

一天，一个人问一群孩子："你在树林或者田野里玩的时候，你最大的感想是什么呢？"

一个孩子的回答很令人吃惊，他说："我觉得我是一个科学家，我是在寻找治疗疾病的灵丹妙药，我是在探索大自然某些不为人知的秘密。"

我们来自于大自然，只有回归大自然，才能找到本真的自己。这正如爱默生所说的："人是一种活动的植物，他们像树一样，从空气中得到大部分的营养。如果他们总是守在家里，他们就憔悴了。"朋友们，请走出城市，走进自然吧，生机勃勃，博大精深的大自然将给你们提供身心发展最丰富的营养。

尽量让自己保持微笑

有一个人常常觉得生活没有任何意义，除了悲伤就是烦恼，所以，他渐渐地越来越颓废、越来越忧郁。

一天，他听说在远方的深山里有一位得道高僧，能够帮人答疑解惑，便跋山涉水地寻到这座寺庙，向老禅师请教解脱之法。

忧郁者问："禅师，我究竟应该怎么做，才能够摆脱这悲观痛苦的深渊，得到充实而轻盈的快乐呢？"

禅师回答："微笑，对自己微笑，也对他人微笑。"

忧郁者仍然困惑，又问："可是我没有微笑的理由啊！生活如此艰辛，我为什么要微笑呢？"

禅师略微思索了一下，说："第一次微笑是不需要理由的，你只要尽情地绽放自己的笑容就可以了。"

"那么第二次、第三次呢？一直都不需要理由吗？"

"不要担心，到第二次、第三次的时候，微笑的理由就自己来找你了。"

忧郁者踏上了返乡的归程，老禅师微笑着目送他离去的背影。

不久以后，寺中来了一位快乐的年轻人，他径直来到老禅师的禅房外，轻轻地敲了敲门，说："禅师，我回来了。"他的声音中充满了快乐。

老禅师并未打开门，便在屋内问道："你找到微笑的理由了吗？"

"找到了！"年轻人兴奋地说。

"那么，你是在哪里找到它的呢？"

"当我第一次对来向我借东西的邻居微笑的时候，他同样给了我一个微笑，那一刻，我突然发现天空是那么辽阔，空气是那么清新！第二次，当我走在路上被一个人撞到时，我并没有愤怒，而是送给他一个微笑，我得到了他发自内心的歉意和感谢，那是人世间多么美好的情感！第三次，当我把微笑送给在草地上玩耍的孩子们时，他们拉着我加入了他们游戏的队伍……我不再吝啬自己的笑容，我把它们送给路上的陌生人，送给街边休息的老人，甚至送给曾经羞辱过、欺骗过、伤害过我的人们，在这个过程中，我收获了高于我所付出几倍的东西，这里面有赞美、感激、信任、尊重，也有某些人的自责和歉意。这些让我更加自信、更加愉快，也更加愿意付出微笑。"

"你终于找到了微笑的理由。"禅师轻轻地推开房门，微笑着对他说，"假如你是一粒微笑的种子，那么，他人就是土地。"

微笑，是一朵绽放在脸上的蓓蕾，它植根于人的美好心灵中，闪烁着善良与智慧的光芒；微笑，是一个人最好的通行证，它引导我们告别冬日的寒夜，迎来春天的暖阳。

微笑，代表了友善、亲切、礼貌与关怀。不会笑的人，仿佛身旁的空气都郁闷得难以流动，待久了是会让人窒息的。长得不美，笑得也不好看，这没关系，要紧的是，你是否真心诚意地展颜一笑，送给每一位与你擦身而过的熟悉抑或陌生的人。

当我们微笑时，面庞总是真挚动人的，温情洋溢，宛如和煦的阳光洒在心间，使烦恼的人得到解脱，疲劳的人得到安适，颓唐的人得到鼓励，悲伤的人得到安慰。

"走"的意义，在于不停地感知和丰盈

走的意义，全在于不停地感知和丰盈。

一辆公交车行驶在路上，车到中途抛锚了，乘客们只好纷纷下来步行。他们有的怨声载道，有的骂声迭迭，唯有一位鹤发童颜的老人心平气和！别的乘客低着头匆匆地赶往目的地，哪怕是青年人也毫无生气和活力；而老人则相反，徒步而行，态度悠闲，偶尔抬头看看蓝天白云，竟有一番仙风道骨。

老人的"另类"行为感染了匆匆行走的人群。为什么其他人行色匆匆，老人却气定神闲？

生活中，我们习惯了拖着长长尾气的汽车，预先设置好轨道的火车，抑或是飞机，抑或是轮船，但我们却忘记了行走。我们习惯于车马，却在失去依赖之时陷入了迷惘，我们不知道怎样结束现在的迷惘，找到来时的路。

因为我们维持着习惯，就像戴着沉重的枷锁，时间长了，竟不觉得它是重的，反而还很惬意。

其实，生命的节奏就像河流的奔涌，有急有缓，既有"星垂平野阔，月涌大江流"的舒缓从容，又有"乱石穿空，惊涛拍岸，卷起千堆雪"的激烈紧迫。一张一弛，生活之道也。哪能一味地急迫，一味地悠忽？一味地急迫，生命就显得狭促了；一味地悠忽，生命就显得虚无。只有急缓相当，张弛有度，方为人生大境界。

当我们低头匆匆而行的时候，我们不但在心底种下了急躁的种子，还忽略了沿途风光秀美的景色。春花的蓬勃灿烂，夏雨的专注猛烈，秋月的寂寥淡远，冬雪的晶莹无瑕，小溪的吟唱，蟋蟀的弹奏，鸟儿的放歌……一切都与我们擦肩而过，失之交臂。那么，我们生活的目的还有什么？

当我们静下心来，放慢脚步，会发现周围的景色原来这么美。这就是我们天天经过，却天天略过的路途吗？几年如一日，怎么竟未发现过？

我们的心里涌起莫大的悲哀，于是开始仔细地欣赏，美美地体味起来。

也许，我们放弃了舟马，但收获了滋润的心灵；疲惫了身体，却点燃了追寻的激情。我们背负着五彩的梦想，出发在不知终点的行程。

也许，我们不需要绿茶、红茶的亲近，只需在大漠深处绝望边缘来一口甘泉。我们是满足的，心里有无穷无尽的快意，向映着夕阳的晚空大吼一声，让天上的飞鹰也感受到我们的快乐。行走着，装一颗探求的心灵，携一份悠闲淡泊的神思，看一看人间的百态，品一品世间的甜苦，闻一闻鸟鸣虫嘶，嗅一嗅芳草鲜花，不做高深的评论，只需用心去感触、去领悟，你就会发现五彩缤纷的人生。

在冥想中，让自己变得幸福

冥想，它的内涵究竟是什么呢？

冥想要做的就是努力地感知现在。当一个人放弃思考，将注意力全部转移到呼吸上的时候，冥想自然地就来了。这就是冥想的练习步骤：失去，找回，失去，找回。通过这样的锻炼，可以使人的头脑变得更加专注。

冥想对于不同的人，各有不同的方式，对于有些人来说，静坐型冥想就很合适，只需要呼吸就行了；对于有些人来说，静坐却是在思考很多的东西；对于有些人来说，静坐实际上是一种祈祷。

丹尼尔·格尔曼在他的《毁灭性情感》一书中写道："一个人吃惊的程度越大，这个人就会越倾向于产生烦乱的情感。"尤其是当他们研究过东方宗教之后，更加认定这一论断。通过冥想，可以使人达到一种相对冷静安宁的状态，抛开现实生活中的各种烦乱，从而实现一种幸福感。

有一位在医学院的老师每天坚持做 30 分钟冥想，一段时间之后，他的情感和身体都得到很大程度的提高和改善，与那些不做冥想的人相比，他的状态要好很多。后来通过研究发现：冥想和人的心理免疫系统有着很强的关联性，会让人的身体机能更有活力和弹性。现在，冥想已经越来越多地应用在精神病领域里，并且已经被证实十分有效，它可以帮助我们克服严重的抑郁症、焦虑以及其他的心理问题。

冥想不仅对治疗严重抑郁有帮助，而且对缓解悲伤也有很大的效果，那么它究竟是如何起作用的呢？

当一个人产生某种情感经历的时候，总会出现相应的身体特征。积极的情绪可能会让人的身体感到很舒适。但是当经历痛苦的感情时，比如比较焦虑的时候，可能人的身体就会出现不舒服的症状，如脖子、肩膀或者是胃部不适，而这些身体状况都对应着相应的情感。因此，当遇到这样的情况的时候，不要钻牛角尖，沉思自己究竟是怎么回事，到底发生了什么，而要去立即感知身体中相对应的情况。

当感到很压抑的时候，那就要集中注意力在上面，并且接受这个现实，不要试图去确定它，只要简单地去接受它是什么。

"哦，现在心情很难受。难受就难受吧，这是不可避免的，以后就会好了。"

"天啊，我的胳膊上长了这么大的一个包，真是有趣。我想让它变小一点，呵呵，它真的可以变小。"

举个例子来说明，当人生病了的时候，通常会建立起一个新的神经通道，大多数的人在这个时候会使自己的思绪陷入到这种通道中来，而这条通道与压抑的负面情绪紧密相连，接着这条通道会被逐渐加强。这个时候需要做的是建立一条可替代的通道，而并不是打通一条新的通道。这条可替代的通道是什么呢？是我们自身的修复能力。

其实人们在日常生活中所遇到的大多数疾病，自己的身体都是有能力修复的，当然这也不是绝对的，但是在大多数的情况下是这样的。跟着身体的感觉走，去感知身体，去接受它，不要试图去修复它，它是什么就是什么，只要小有兴趣地观察它就好了，身体内在的修复机制会自动处理它的。

要做到适应这种方式的关键就是要练习，不断地重复，练习的过程并不是非要集中注意力45分钟，而是将失去的注意力找回来并且不断地重复。这样的训练方式其实就是一种冥想。

第十二章

别让失败的过去，左右你的未来

 **沉湎于过去，使我们拒绝活在当下**

人要想更好地活在当下，放眼未来，就必须从过去的阴影中走出来，忘记曾经的伤疤，毕竟现在伤口已经抚平，就不要过多地计较和怨恨了。计较只会让自己更加偏执，更加劳心劳累，所以，想让我们自己轻松自如地活在当下，就忘记过去的伤痛吧。

1944年冬天，苏军已经把德军赶出了国门，成百万的德国兵被俘虏。一天，一队德国战俘面容憔悴地从莫斯科大街上穿过，当德国兵从街道走过时，所有的马路都挤满了人。苏军士兵和警察警戒在战俘和围观者之间，围观者大部分是妇女，她们当中的每一个人，都是战争的受害者，其家人中或者是父亲，或者是丈夫，或者是兄弟，或者是儿子，都让德国兵杀死了。

她们每一个人，都和德国人有着血债。妇女们怀着满腔仇恨，当俘虏出现时，她们把一双双勤劳的手攥成了拳头。士兵和警察们竭尽全力地阻挡着她们，生怕她们控制不住自己的冲动。这时，最令人意想不到的事情发生了：一位上了年纪的犹太妇女，穿着一件战争年代的破旧的长袍，她走到一个警察身边，希望警察能让她走近俘虏。警察同意了这个老妇人的请求。

她到了俘虏身边，从怀里掏出一个用印花布方巾包裹的东西，里面是一块黑面包，她不好意思地把它塞到了一个疲惫不堪的、几乎站不住的俘虏的衣袋里。看着身后那些充满仇恨的同胞们，她开口说话了："当这些人手持武器出现在战场上时，他们是敌人。可当他们解除了武装出现在街道上时，他们是跟所有别的人，跟'我们'和'自己'一样的人。"

于是，整个气氛改变了。妇女们从四面八方一齐拥向俘虏，把面包、香烟等各种东西塞给这些战俘。

故事中的犹太老妇人的行为是那样具有震慑力，哪怕她面前的这些人以前干下过多么残酷的罪行，她也没有选择去记恨，因为她知道恨也无法挽回历史，于是她选择了去原谅，这需要一种什么样的胸襟呢？你是不是也对老妇人的行为肃然起敬呢？宽容的力量让爱溢满整条莫斯科大街。当那些带着罪恶嘴脸的德国军人看到这一幕的时候，他们的心也应该被深深地震撼了。

剑桥教授安妮·森德伯克说过："以七乘七十倍的宽容，来赦免你的敌人，这样可以减少你患高血压、心脏病、胃病的机会。"仇恨只会激化矛盾，酿成大祸。宽容的心却能轻易将恨意化解，让紧张的气氛化作脉脉温情。

很早以前，有一个著名的雕刻师傅，他雕刻的东西栩栩如生，几乎可以达到以假乱真的地步。因为他的雕刻技巧不错，所以附近一个村庄的寺庙就邀请他去雕刻一尊"菩萨的像"。可是，要到达那村庄，必须越过山头与森林。偏偏这座山传说"闹鬼"，有些想越过山的人，若夜晚仍滞留在山区，就会被一个极为恐怖的女鬼杀死。因此，许多亲人、朋友就力劝雕刻师傅，等隔日天亮时再启程，免得遇到不测。但师傅担心天亮启程会耽误行程，就谢绝了众人的好意，收拾好行李和工具，当天晚上就出发了。他走啊走，天色逐渐暗下来，月亮、星星也都出来了。

这师傅突然发现，前面有一个女子坐在路旁，草鞋也磨破了，似乎十分疲倦、狼狈。师傅于是问这女子，是否需要帮忙？当师傅得知该女子也是要翻越山头到邻村去，就自告奋勇要背她一程。月夜中，师傅背着她，走得汗流浃背，就停下休息。

此时，女子问师傅："难道你不怕传说中的女鬼吗？为什么不自己快点赶路，还要为了我而耽搁时辰？""我是想赶路呀！"师傅回答，"可是如果我把你一个人留在山区，万一你碰到危险怎么办？我背你走，虽然累，但至少有个照应，可以互相帮忙啊！"在明亮的月色中，这师傅看到身旁有块大木头，就拿出随身携带的凿刀工具，看着这女子，一斧一刀地雕刻出一尊"人像"来。"师傅啊，你在雕什么啊？""我在雕刻菩萨的像啊！"师傅心情愉悦地说，"我觉得你的容貌很慈祥，很像菩萨，所以就按照你的容貌来雕刻一尊菩萨！"

坐在一旁的女子听到这话，哭得泪如雨下，因为她就是传说中的

"恐怖女鬼"。多年前，她只身带着女儿翻越山头时，遇上一群强盗，她无力抵抗而被奸污，女儿也被杀害。悲痛的她，纵身跳下山谷，化为"厉鬼"，专在夜间取过路人性命。可是，这个"满心仇恨"的女子万万没想到，竟会有人说她"容貌很慈祥，很像菩萨"！刹那间，这女子突然化为一道光芒，消失在月夜山谷里。第二天，师傅到达邻村后，大家都很惊讶他竟能在半夜活着越过山头。而从那天后，也再没有夜行旅人遇到传说中的"女厉鬼"了。

很多人都有着很强的自我防卫心理。其实，我们在提防别人的同时也是在为自己设防，如果我们能够打开心窗，忘掉仇恨，主动地接纳别人，就能重新找回轻松快乐的生活。所谓的"女鬼"，也不过就是自己心中设下的防备罢了，多一点问候，其实就少一点猜测了。

现实的生活中，我们对好多事情总是难以释怀的原因就是自己总愿意去提起，总不愿意去放手。好好想想自己的苦闷，好好想想自己的烦恼，最多的是不是就是庸人自扰，是不是就是放不下、不能宽恕和原谅促成的呢？人啊，为什么总活得那么累呢？既然伤疤都已经好了，伤痕都已经抚平了，那就不要再去计较伤害的源头了，因那毕竟都已成烟云，宽恕一个人总比记恨一个人容易，不要总是一副愁眉不展的样子，赶紧为自己愈合的伤口而庆幸吧！

那些不能看开的不如遗忘

有个问题问你："学习"比较难还是"遗忘"比较难？大部分人在一开始都会回答是学习比较难，忘却比较容易。

美国有一位著名的经济学家说："世界上最难的事不是让人们接受新思想，而是使他们忘却旧观念！"

不知你有没有这样的经验，当你去劝说某人的时候，某人总是抱着一个旧观念不放，怎么也听不进你给他讲的新观念。

"Forget it!"的意思是："忘记它！"如果把这个单词拆分一下就变成了"For get it!"——"为了得到它！"

迪伊·霍克是维萨信用卡网络公司的创办人。早在1997年7月份的美国《优秀企业》杂志上，迪伊·霍克和几个精英人物共同提出：目前企业所面临的问题不是学习而是忘却！就好比一个电脑，如果你对它内在的程序、内在的文件资料统统都不满意，而电脑的空间已经满了，你准备怎么做呢？是不是要先删除旧的程序、旧的文件？然后才能够再装入新的程序、新的文件，是不是这样？所以问题永远不在如何使头脑里产生崭新的、创造性的思想，而在于如何从头脑里淘汰旧观念！旧的观念不除去，新的观念很难根植发芽。

著名的管理学大师彼得·杜拉克曾说道："创新起始于舍弃，它不在于实施新措施，而在于舍弃的是什么。"所以请你就在此刻写下你最需要舍弃的三件事项，也许是你过去的某个最想改善的习惯又或者是……

请你对上面写下的三条画上一个大大的"×"！并且大喝一声："For get it"！要知道：旧的不去，新的不来。主动舍去那些经常困扰着你、对你却没有任何用处的烦恼或无用的知识，让你的思想和有用的知识占据你的心灵吧。

有这样一个小笑话：

丈夫对朋友说："我对妻子的记忆力非常担心。"

朋友不解地问："为什么？她很健忘吗？"

丈夫回答："不，刚好相反，她对我过去的事情都记得太清楚！"

忘却有时是件好事，有些事情记得太清楚，反而让大家日子都难过，偶尔神经粗一点，不必自己受苦，也不让别人受苦。

有些做太太的，念念不忘丈夫当年的婚外情、不忠……到了年纪一大把还在算旧账。许多人宁可让痛苦随着岁月一起成长，也不愿轻言饶恕，唯恐便宜了对方，但这只会让自己继续成为受害者，徒然丧失现在就可以拥有的喜乐和自由。

忘掉背后带来的是释放，一个常常回头看的人，就没有机会向前看，当我们辛苦拖着一箩筐的愤怒或不谅解时，如何能努力向前奔呢？

把一些不能看开的痛苦当成垃圾丢掉吧！当你愿意把那些根深蒂固，甚至盘根错节的记忆一一放掉时，你将会经历轻松和得胜。因为痛苦的重担放下了，所以你会轻松；因为你不再被仇恨所辖制了，所以你会得胜。

你可以跌倒，但不可以成为失败者

一个人在生活中打拼，谁都难免会遭受挫折与不幸，甚至失败。有的人心理素质较差，意志力不强，生活一遇到挫折，就会渐渐对自己失去信心，认为自己这也不行那也不行，给自己贴上"失败者"的标签。这样，即使有好机会使问题出现转机，也被这拉长的苦脸吓跑了。

失败算什么？在挫折和失败面前，我们必须有狼一样永不言败的心态：惭愧而不气馁，内疚而不失望，自责而不伤感，悔恨而不丧志。感激失败的考验，从失败中走出一条新路，才有希望摘取成功的桂冠。

一家大公司要招聘 10 名职员，经过一段时间严格的面试、笔试，公司从 300 多名应聘者中选出了 10 名佼佼者。

发榜这天，一个青年见榜上没有自己的名字，悲恸欲绝，回到家中便要悬梁自尽，幸好亲人及时发现，他才没有死成。

正当青年悲伤之时，从公司却传来好消息：他的成绩本是名列前茅，只是由于计算机的错误，才导致了落选。

正当青年一家大喜过望之时，却又从公司传来消息：他被公司除了名。原因很简单，公司的老板认为："如此小的挫折都经受不了，这样的人肯定在公司里干不成什么大事。"

检验一个人，最好是在他失败的时候，看失败能否唤起他更多的勇气；看失败能否使他更加努力；看失败能否使他发现新力量，挖掘潜力；看他失败了以后是更加坚强还是就此心灰意冷。

感谢失败吧，每一次失败，都是一次超越的机会，逃离失败、躲避失败，就会把一个人的活力与成长力剥夺殆尽，使人变成行尸走肉。所以，失败是超越自我的重要推动力。

林肯在竞选伊利诺伊州的参议员失败后说："如果圣明的百姓用他们的智慧决定我该接受这个磨炼，那么，我便会从失败中学会某些真理，而不致过分愤怒。"每一次失败，都能磨炼你的技巧，提高你的勇气，考验你的耐心，培养你的能力。

美国成功学专家拿破仑·希尔在总结了自己的7次失败之后说："看起来像是失败的，其实却是一只看不见的慈祥之手，阻拦了我的错误路线，并以伟大的智慧强迫我改变方向，向着对我有利的方向前进。"失败，是超越自我的坐标，一旦发现此路不通，便要另辟蹊径，当许许多多这样的坐标明显地标示出来后，通往成功的路就更加清晰了。

迈尔·戴尔在培训员工时常常说："不要粉饰太平。"他的意思是说，我们不要试图把错误的事情用各种理由加以美化，即使暂时掩盖了真相，而问题迟早会出现，所以直接面对最好。每当他的经营出现问题后，他都会以积极的态度正面迎接问题，而不是强调理由逃避问题，也从不找借口搪塞。他以这种斩钉截铁的态度去面对所有错误，坦白承认说："我遇到问题了，我负有责任，因此我必须进行修正。"他很清楚，如果自己不这么做，别人这样做了，成功就会属于别人。

几年前，宜家不得不收回一种儿童玩具，并下令停止生产这种玩具。因为玩具的眼睛有脱落的危险，对儿童的安全不利——幸运的是，宜家在发生问题之前就发现了这种情况，可是停产又带来了另外一个问题。这种玩具由印度一家工厂生产，该工厂有600名雇员，一时间，600名工人无工作可做，因此，宜家先后派了几名设计师到工厂去查看情况，看看有什么解决办法。然而，前面的几个设计师去了之后都没有任何建树，宜家总部陷入了为难的处境。而此时，另一个平时不太引起大家注意的设计师安娜主动请缨，并相信肯定会有办法来解决的。

安娜查看了工厂以及所用的材料，她与供应商一起工作，从不同的角度进行分析论证。一条路线走不下去，再换一条，就这样，安娜真的是穷尽了各种可能，并经过连续的几个通宵，终于开发出了一个全新系列的产品，取名法姆尼。两个星期后，她带着法姆尼返回了瑞典，这是一种带有手臂的精美靠垫，产品推出后立即受到宜家人以及顾客的喜爱。"法姆尼"取得了巨大的成功。更值得一提的是，顾客对这种产品的需求很大，仅靠该生产厂原有的600名雇员都不能完成需求量，后来工厂又招收了许多新的雇员。

不敢失败实质上是人生的真正失败。一帆风顺的人达不到创造的顶峰，他们的潜力也就不可能真正发挥出来。

感激失败吧：

失败并不意味着你是一位失败者——失败只是表明你暂时尚未成功。

失败并不意味着你一事无成——失败表明你得到了经验。

失败并不意味着你浪费了时间和生命——失败表明你有理由重新开始。

失败并不意味着你必须放弃——失败表明你还要继续努力。

失败并不意味着你永远无法成功——失败表明你还需要一些时间。

失败并不意味着命运对你不公——失败表明命运还有更好的给予。

记住：每个人的生活中都会有苦难，苦难可以击倒我们，但不可以让我们成为失败者，而我们自己也不要给自己贴上"失败者"的标签。

宿命，只是弱者安慰自己的借口

当遭受了挫折或磨难时，消极的人们往往会发出"我的命该如此"的感叹，这就是宿命论的表现。事实上，这不过是他们不愿面对现实、逃避问题的一个借口。

宿命是人们的一种安于命运的思想，认为一个人的思想、行为及其命运，在出世之前已由天意注定，人只能服从上天的安排，不能违抗。其实，这个注定的意思并非简单的上天决定人类的一切，而是指某些规律性的现象，比如人最终会走向死亡。

宿命论无情地打击了个人奋斗的价值，相信宿命的人们常常以弱者自居，他们认为自己是"不幸"的人，这一观念的负面思想，让潜意识给接收，转化为实质的对应事物了。

在我们的传统文化中，宿命论的影子非常之浓厚，比如"生死有命，富贵在天"的说法，这就给那些逃避现实的人们一个安慰的借口，一个退缩的理由。以至于今天的某些人，自以为是"注定"要贫穷落魄失意，"注定"要一生碌碌无为。他们宁愿相信有某种奇特的力量超乎他们的掌握，也不愿努力奋斗改变现状。

到过泰国旅游的人们，可能会看到这样一个奇怪的情况：一头头腿粗如柱，身似城墙的庞然大象，却被一条链子拴着，供人们欣赏。更让人纳闷的是，被拴的大象从不试图挣脱链子的束缚，而是怡然自乐地或站或卧。

据当地人说，当大象还是小象的时候，也曾一次又一次地试图挣脱，尽管它做出了巨大的努力，最后还是没能成功。这样的几次挣扎并且伤了自己之后，它意识到它的努力是徒劳的，于是它放弃了再努力挣脱的尝试。从此刻起，那头象即使有了足够的力量，也不会去想挣脱那条锁链，即使拴住它的只是一根小绳。

大象是世界上最强壮的动物之一，却甘于被一条小小的链子束缚着。这不是它无力挣脱，而是选择了顺从和甘于现状，这与宿命无关。人类的思维过程其实就是自己为自己设限，当人们习惯了所谓宿命的安排时，自然就不会想着努力进取、创造美好生活了。

宿命，不过是弱者安慰自己的一个借口而已。很多人之所以相信宿命的说法，是因为他们不愿走出自己设置的心理枷锁。而一旦突破了这道枷锁，也许可以看到许多别样的人生风景，甚至可以创造新的奇迹。

华龙集团的创办人卢俊雄10岁时便开始瞒着家人，带着10元钱独闯武汉去寻求机遇、发掘财缘。正因为挑战命运的意志，最终改写了他的人生。

1980年，由于父亲给的三本邮票，卢俊雄凭这些邮票，参加了1980年在广州文化公园举行的全国首届邮票展销会。并且他用卖报卖书的几十块钱，在市青少年宫、火车站、邮票公司等处，又炒起了邮票，迈出了创业的第一步。

读初二时，他成立了广州第一个自发性的中学生社团——"省实"集邮社。他帮爱集邮的学生代买各种邮票，从中提取"劳务费"。上高二时，他组织了"中学生集邮冬令营"。他将自己对集邮的感受写成文章，寄给香港《邮票世界》杂志，竟获刊登。一些海外邮票商竟纷纷来函寄钱，托他购买邮票。

因此，卢俊雄开始进入了"国际市场"，他从中赚取差额。念大学二年级的时候，卢俊雄做了另一次跋涉——给深圳大学一勤工俭学者从广州批发贺卡。他以高价卖出了广州最便宜的批发商的积压品。在开始的时候，他10天不到就赚了3000多元。

卢俊雄通过《集邮杂志》和邮票公司搜集了全国2000多个集邮爱好者的姓名、地址，用卖贺卡赚的3000多元钱办了份双面8开铅印的《南华邮报》免费寄给这些人。到1989年，《南华邮报》已发行5万份，拥有5万个客户。1991年2月至7月间，由于股市整顿，邮票市场非常兴旺，邮票大致上涨了5倍，卢俊雄大获其利。

搞了两年的邮票生意，卢俊雄又开始在市中心旧房子上打主意。作为刚刚兴起的房地产业，卢俊雄抓住了这个历史性的机遇。在当时房产市场尚未启动的形势下，他却生意兴隆、财源广进。他再一次使用了靠别人的钱去赚钱的方法，取得了成功。

在不断前进探索的过程中，卢俊雄一步步地迈向了成功，难道说上天就单青睐于卢俊雄吗？他这一路上走来，每一步成功都是上天的垂爱吗？当然不是，这一切都是靠他自己的努力，才获得了成功。

生活中，弱者往往消极等待，而强者却主动出击，寻求机遇。人生难免会有失意的时候，事业上的、情感上的、家庭上的……面对失意，强者以一颗自强不息的心不断进取，弱者就是面对一张薄纸，也不愿伸手戳破，去达到自己的目的。其实，有时候，我们只要换个位置，换个角度，换个思路，就能摆脱宿命的"安排"。

只有能量的流动才能治愈创伤

我们生活中有正面的能量也有负面的能量。失败和痛苦可以称之为负面的能量，而自信所产生的能量就是正面的能量。当我们遭遇创伤的时候，只有用正面的积极的能量去冲击负面的消极的能量，我们的创伤才能愈合。

举个简单的例子来说吧，自卑和自信就是一对相反的能量，只有让身体里自信的能量超过自卑的能量，我们的人生才能充满阳光的颜色。

人如果没有自信，就如枯黄的菜叶，随时会枯烂在地，化为土壤的肥料。"这个世界上，没有人能够使你倒下，如果你自己的信念还站立的话。"这是黑人领袖马丁·路德·金留下的一句很激励人心的话。自信的人生是永远不会被社会击败的，除非他自己最后精疲力竭，无力拼搏。看看身边那些最富有成就的人，他们就是依靠自己的自信、智慧和能力取得成功的。

美国前总统罗斯福，当他还是参议员时，英姿焕发，潇洒英俊，才华横溢，深受人们爱戴。有一天，罗斯福在加勒比海度假，游泳时突然感到腿部麻痹，动弹不得。幸亏旁边的人发现后及时挽救才避免了一场悲剧的发生。经过医生的诊断，罗斯福被证实患上了"脊髓灰质炎"。医生对他说："你可能会丧失行走的能力。"罗斯福并没有被医生的话吓倒，反而面带微笑，镇定自若地对医生说："我还要走路，而且我还要走进白宫。"

第一次竞选总统时，罗斯福就对助选员说："你们布置一个大讲台，我要让所有的选民看到我这个得脊髓灰质炎的人，可以'走到前面'演讲，不需要任何拐杖。"当天，他穿着笔挺的西装，面容充满自信，从后台走上演讲台。他的每次迈步声，都让每个美国人深深感受到他的意志和十足的信心。后来，罗斯福成为美国政治史上唯一一个连任四届的伟大的美国总统。

自信是人生成功的奠基石，人的成功之路必须踏着自信的石阶步步登高。固然，一个人能力有大小，本领有高低，但我们要坚信，天生我材必有用。而一个没有自信的人，就好像是抽掉了脊梁骨的软体动物，整天在自悲、自叹、自怨的泥潭苟延残喘，顶天立地的人的形象已退化成为遥远的记忆，何其可悲！其实，只要自己不倒下，没有人可以最终打倒你。

即使你卑微，你低贱，你遭人唾弃，这都无关紧要，最重要的是，你是不是能够看清自己，拥有独一无二的尊严。痛苦终将过去，心灵的修复却是漫长的，假若你不能树立自信，你就无法面对生活，重新拥抱温暖的世界。

20年前，她在北京的一所大学里上学。

大部分日子，她都在疑心、自卑中度过。她疑心同学们会在暗地里嘲笑她，嫌她肥胖的样子太难看。她不敢穿裙子，不敢上体育课。大学时期结束的时候，因为她不敢参加体育长跑测试，差点儿毕不了业，她连给老师解释的勇气也没有，茫然不知所措，只能傻乎乎地跟着老师走，最后老师勉强算她及格。

十几年前，他从一个仅有20多万人口的北方小城考进了北京的大学。上学的第一天，与他邻桌的女同学第一句话就问他："你从哪里来？"而这个问题正是他最忌讳的，因为在他的逻辑里，出生于小地方，没见过世面，肯定被那些来自大城市的同学瞧不起。很长一段时间，自卑的阴影都占据着他的心灵。

在一个电视晚会上，她对他说："要是那时候我们是同学，可能是永远不会说话的两个人。你会认为，人家是北京城里的姑娘，怎么会瞧得起我呢？而我则会想，人家长得那么帅，又怎么会瞧得上我呢？"

她，现在是中央电视台著名节目主持人，而且是第一个完全依靠才气而丝毫没有凭借外貌走上中央电视台主持岗位的人。她的名字叫张越。

他，现在也是中央电视台著名节目主持人，经常对着全国几亿电视观众侃侃而谈，他主持节目给人印象最深的特点就是从容自信。他的名字叫白岩松。

　　原来是他们，他们也会自卑，原来曾经自卑的人也可以这么自信。但是，如果张越、白岩松一直都没有加倍努力，塑造自己的自信的话，我们今天就看不到屏幕上神采飞扬的他们。不要让任何因素打击你的自信。你很强大，只是你还不知道；你可以塑造自信，改变命运，只要你认真、勤奋、努力，只要你相信自己独一无二、无可替代。